Grün ist das Leben

Grün ist das Leben

Eine Liebeserklärung
an unsere Erde

Mit Fotografien
von Roland Höpker

Ausgewählt und herausgegeben
von Kathrin Clausing und Ulrich Sander

Inhalt

Eine 2003 geborene Schülerin aus Schweden hat die Welt bewegt: Die Klimaaktivistin *Greta Thunberg* weist unermüdlich auf die naturwissenschaftlich beschriebenen Folgen des von Menschen gemachten Klimawandels hin. Sie gilt als eine der einflussreichsten Persönlichkeiten des Jahres 2019 und wurde mit dem Alternativen Nobelpreis ausgezeichnet. „Ich will, dass ihr in Panik geratet", sagte Greta in einer Diskussionsrunde zum Klimawandel. Manchmal sind Erschrecken und Angst notwendig, wenn es gilt, wach und aufmerksam zu werden.

Aber wer aufgewacht ist, braucht mehr als Angst und Panik.

Viele Menschen spüren, dass unsere Erde mehr ist als eine Werkstoffkammer, aus der wir uns rücksichtslos bedienen können. Dichter und Dichterinnen gehören dazu ebenso wie Forscherinnen und Forscher, besonders aber auch Menschen mit einer spirituellen Begabung aus allen Jahrhunderten: Für sie ist die Erde „unsere Mutter" wie für *Franz von Assisi*. Für sie ist die ganze Welt erfüllt von einer „Grünkraft" wie für *Hildegard von Bingen*, einer Kraft, die Mineral, Pflanze, Tier und Mensch auf unterschiedliche Weise durchdringt. Für sie ist „jeder Teil dieser Erde heilig", wie für die *ursprünglichen Einwohner Amerikas*. Sie wissen: „Sonne und Sterne füllen den Himmel aus, die Erde schwingt von Ebbe zu Flut, die Welt ist voll von Leben", wie der indische Weise *Rabindranath Tagore* formuliert.

Dieser Band versammelt ihre Stimmen ebenso wie Gedichte, Gedanken und Impulse vieler zeitgenössischer Autorinnen und Autoren. Sie alle verbindet eine große Dankbarkeit für die Schöpfung und das Leben.

Wer dankbar auf die Schöpfung schaut, findet zu einer neuen Wahrnehmung: Plötzlich öffnen sich die Sinne ganz neu für die Welt, die uns umgibt, wie es *Cornelia Elke Schray* zum Ausdruck bringt:

Beide Beine
fest auf der Erde
das Herz in der Hand
manchmal
den Kopf in den Wolken
gerne auch angelehnt
an einem Regenbogen
vielleicht noch ein
paar Schmetterlinge
vor Augen
so möchte ich leben

Wie möchte ich leben? „Grün ist das Leben", antworten die vielen Stimmen dieses Buches auf unterschiedliche Weise. Sie alle sind eine Einladung und Ermutigung, sich dem Leben anzuvertrauen und Verantwortung zu übernehmen, an dem Ort in der Welt und in der Weise, die für jede und jeden jeweils angemessen ist.

Für uns im Verlag am Eschbach gilt das auch für den Weg, den wir als Unternehmen gehen. Wir produzieren ohne lange, das Klima belastende Lieferwege und benutzen ökologisch zertifizierte Papiere. Welche Auswirkungen die Produktion unserer Bücher auf die Umwelt hat und welche Materialien dabei zum Einsatz kommen, ist uns wichtig.

Kathrin Clausing und Ulrich Sander
www.verlag-am-eschbach.de

Jeder Teil
dieser Erde

WIR SIND EIN TEIL DER ERDE

Häuptling Seattle

Wie kann man den Himmel kaufen oder verkaufen oder die Wärme der Erde? Diese Vorstellung ist uns fremd. Wenn wir die Frische der Luft und das Glitzern des Wassers nicht besitzen – wie könnt ihr sie von uns kaufen?

Jeder Teil dieser Erde ist meinem Volk heilig. Jede glitzernde Tannennadel, jeder sandige Strand, jeder Nebel in den dunklen Wäldern, jede Lichtung, jedes summende Insekt ist heilig, in den Gedanken und Erfahrungen meines Volkes.

Wir sind ein Teil der Erde und sie ist ein Teil von uns. Die duftenden Blumen sind unsere Schwestern, die Rehe, das Pferd, der große Adler – sie sind unsere Brüder. Die felsigen Höhen, die saftigen Wiesen, die Körperwärme der Ponys – und des Menschen – sie alle gehören zur gleichen Familie. Glänzendes Wasser, das sich in Bächen und Flüssen bewegt, ist nicht nur Wasser – sondern das Blut unserer Vorfahren.

Wenn wir euch das Land verkaufen, müsst ihr wissen, dass es heilig ist und dass jede flüchtige Spiegelung im klaren Wasser der Seen von Ereignissen und Überlieferungen aus dem Leben meines Volkes erzählt. Das Murmeln des Wassers ist die Stimme meiner Vorväter. Die Flüsse sind unsere Brüder – sie stillen unseren Durst. Die Flüsse tragen unsere Kanus und nähren unsere Kinder.

Wenn wir euch das Land verkaufen, so müsst ihr euch daran erinnern und eure Kinder lehren: die Flüsse sind unsere Brüder und eure, und ihr müsst von nun an den Flüssen eure Güte geben, so wie jedem anderen Bruder auch.

Wir lieben das sanfte Geräusch des Windes, der über eine Teichfläche streicht und den Geruch des Windes, gereinigt vom Mittagsregen oder schwer vom Duft der Kiefern. Die Luft ist kostbar, denn alle Dinge teilen denselben Atem: das Tier, der Bau, der Mensch. Sie alle teilen denselben Atem.

Wenn wir euch das Land verkaufen, dürft ihr nicht vergessen, dass die Luft kostbar ist, dass die Luft ihren Geist teilt mit all dem Leben, das sie enthält. Der Wind gab unseren Vorfahren den ersten Atem und empfängt ihren letzten. Und der Wind muss auch unseren Kindern den Lebensgeist geben.

Wenn wir euch das Land verkaufen, so müsst ihr es als ein besonderes und geweihtes schätzen, als einen Ort, wo man spürt, dass der Wind süß duftet von den Wiesenblumen.

Was ist der Mensch ohne die Tiere? Wären alle Tiere fort, so stürbe der Mensch an großer Einsamkeit des Geistes. Was immer den Tieren geschieht – geschieht bald auch den Menschen. Alle Dinge sind miteinander verbunden. Was die Erde befällt, befällt auch die Kinder der Erde. Ihr müsst eure Kinder lehren, dass der Boden unter ihren Füßen die Asche unserer Großeltern ist. Damit sie das Land achten, erzählt ihnen, dass die Erde erfüllt ist von den Seelen unserer Vorfahren.

Die Erde gehört nicht den Menschen, der Mensch gehört der Erde. Alles ist miteinander verbunden wie das Blut, das eine Familie vereint. Alles ist verbunden. Der Mensch schuf nicht das Gewebe des Lebens, er ist darin nur eine Faser. Was immer ihr dem Gewebe antut, tut ihr euch selbst an.

Eines wissen wir: Unser Gott ist derselbe Gott. Ihr denkt vielleicht, dass ihr ihn besitzt, so wie ihr unser Land zu besitzen trachtet. Aber das könnt ihr nicht. Er ist der Gott aller Menschen. Dieses Land ist ihm wertvoll, und die Erde verletzen, heißt ihren Schöpfer verachten. Unser Gott ist derselbe Gott. Diese Erde ist ihm heilig. Selbst der weiße Mann kann der gemeinsamen Bestimmung nicht entgehen. Vielleicht sind wir doch Brüder. Wir werden sehen.

Seattle (1786–1886), Häuptling der Suquamish-Stämme und Duwamish-Stämme, hielt 1855 eine Rede vor dem Gouverneur des Washington-Territoriums. Sie wurde 1887 aufgezeichnet. Bekannt wurde eine erweiterte Fassung aus dem Jahr 1972.

GROSSE KLEINIGKEITEN

Manches Mal
hab ich die Wahl
was ich mach
was ich denke
ob ich gen Himmel schau
oder die Augen senke
ob ich höre
dass mir ein Vogel singt
und erkenne
dass mir die Blume winkt
mit offenen Augen
möchte ich gehen
die Welt mit ihrer Schönheit
mit ihren Wundern sehen

Anna Tomczyk

SEGENSREICHE TAGE

Am See sitzen,
wahrnehmen, staunen,
das Licht tanzt
auf dem Wasser,
die Farben des Himmels
spielen miteinander
auf den Wellen.

Über die Wasser
hinausblicken
zum Firmament,
sich mitnehmen,
forttragen lassen
von seinen Wogen.

In Sehnsucht
nach dem Unendlichen
weiterfließen
in weite Räume
hinter dem Horizont
zu neuen Ufern
in den Himmel hinein.

Einatmen, ausatmen,
nichts mehr wollen, sollen,
zur Ruhe kommen,
sich den sanften Bewegungen
des Wassers überlassen,
eintauchen
in große Stille und Weite
der Schöpfung.

Benedikt Werner Traut

KOPF IN DEN WOLKEN

Beide Beine
fest auf der Erde
das Herz in der Hand
manchmal
den Kopf in den Wolken
gerne auch angelehnt
an einem Regenbogen
vielleicht noch ein
paar Schmetterlinge
vor Augen

so möchte ich leben

Cornelia Elke Schray

DIE WELT IST VOLL VON LEBEN

Sonn und Sterne füllen den Himmel aus,
die Welt ist voll von Leben.
Mittendrin hab ich gefunden mein Zuhaus.
Drum singe, singe ich staunend mein Lied.

Die Erde schwingt von Ebbe zu Flut
im Rhythmus endloser Zeit.
Er zog mich an in meinen Adern, meinem Blut.
Drum singe, singe ich staunend mein Lied.

Meine Schritte folgten grasbedeckten Wegen,
der Duft der Blumen riss mich hin.
Verstreut liegt überall des Glückes Segen.
Drum singe, singe ich staunend mein Lied.

Ich durfte lauschen, schauen, schmecken,
mein Leben über die Erde gießen.
Im Wohlbekannten wollte ich die fremde Welt
entdecken.
Drum singe, singe ich staunend mein Lied.

Rabindranath Tagore

Die Mystikerin und Heilgelehrte Hildegard von Bingen (1098–1179) sprach von der „Grünkraft" (viriditas), die das ganze All erfüllt. Eine Kraft, die allen Menschen, Tieren, Mineralien und Pflanzen innewohnt. Sie kommt zum Vorschein in jedem Säen, Blühen, Keimen, Wachsen, Frucht-Tragen. Sie ist die Basis jeglicher Heilung.

Es gibt eine Kraft aus der Ewigkeit
und diese Kraft ist grün.
Aus lichtem Grün
sind Himmel und Erde geschaffen
und alle Schönheit der Welt.

Kein Baum grünt ohne Kraft zum Grünen,
kein Stein entbehrt die grüne Feuchtigkeit,
kein Geschöpf ist ohne diese Eigenschaften;
die lebendige Ewigkeit selber
ist nicht ohne diese Kraft zum Grünen.

Von der Grünkraft gehen die Blüten aus
und von der Blüte die Frucht.
Dürres Holz lässt durch Grünkraft
wieder Blüten sprießen.
Alle Kreatur hat Sichtbares und Unsichtbares an sich.
Was man sieht, ist nur schwacher Schatten;
mächtig lebensstark ist das Unsichtbare.

O edelstes Grün,
das wurzelt in der Sonne
und leuchtet in klarer Heiterkeit
im Rund eines kreisenden Rades,
das die Herrlichkeit des Irdischen nicht fasst;
umarmt von der Herzkraft himmlischer Geheimnisse
rötest du wie das Morgenlicht
und flammst wie der Sonne Glut.
Du Grün
bist umschlossen von Liebe.

Hildegard von Bingen

GRÜN

Ich hatte vergessen nach diesem Winter
Wie viele verschiedene Grüns es gibt
Ich hatte es tatsächlich vergessen
Wie sehr der Himmel die Erde liebt

Nun tauche ich ein in die moosigen Räume
Vom Stachelbeerstrauch bis zum Eibenbaum
Träume mit ihnen Frühlingsträume
Und treibe Knospen in meinem Traum

Nun trinken meine Augen sich satt
Es wachsen Wälder in meinem Herzen
Lustvoll entfaltet sich Blatt um Blatt
Und verhüllt mich samt meiner Winterschmerzen

Meine Augen werden nicht fertig vor Grün
Grasige Erde, von Käfern durchzogen
Auf der Wassertropfenkristalle glühn
Wer hat diese Unmengen Samen gewogen?

Schlafende Samen im Winterfrost
Alle, alle wolln sie jetzt sprießen
Welch himmlischer Auferstehungstrost
Täglich überreich zu genießen

Doris Bewernitz

DER GRÜNE TEPPICH

Über die ganze trockne Welt ist dieser grüne, geheimnisvolle Teppich der Liebe gezogen. Mit jedem Frühjahr wird er erneuert, und seine seltsame Schrift ist nur dem Geliebten lesbar wie der Blumenstrauß des Orients. Ewig wird er lesen und sich nicht satt lesen und täglich neue Bedeutungen, neue entzückendere Offenbarungen der liebenden Natur gewahr werden.

Novalis

Bruder Sonne,
Schwester Mond,
Mutter Erde

DAS LIED DER GESCHÖPFE (SONNENGESANG)

Franz von Assisi

Gelobt seist du, mein Herr,
mit allen deinen Geschöpfen,
besonders dem Herrn Bruder Sonne,
der uns den Tag schenkt
und durch den du uns leuchtest.
Schön ist er und strahlend in großem Glanz:
von dir, Höchster, ein Sinnbild.

Gelobt seist du, mein Herr,
für Schwester Mond und die Sterne.
Am Himmel hast du sie geformt,
klar und kostbar und schön.

Gelobt seist du, mein Herr,
für Bruder Wind, für Luft und Wolken
und heiteres und jegliches Wetter,
durch das du deine Geschöpfe am Leben erhältst.

Gelobt seist du, mein Herr, für Schwester Wasser.
Sehr nützlich ist sie und demütig und kostbar und
keusch.

Gelobt seist du, mein Herr, für Bruder Feuer,
durch den du die Nacht erhellst.
Schön ist er und fröhlich und kraftvoll und stark.

Gelobt seist du, mein Herr,
für unsere Schwester Mutter Erde,
die uns erhält und lenkt
und vielfältige Früchte hervorbringt,
mit bunten Blumen und Kräutern.

Gelobt seist du, mein Herr,
für jene, die verzeihen um deiner Liebe willen
und Krankheit ertragen und Not.
Selig, die ausharren in Frieden,
denn du, Höchster, wirst sie einst krönen.

Gelobt seist du, mein Herr,
für unsere Schwester, den leiblichen Tod;
kein lebender Mensch kann ihm entrinnen.
Wehe jenen, die in tödlicher Sünde sterben.
Selig, die er finden wird in deinem heiligsten Willen,
denn der zweite Tod wird ihnen kein Leid antun.

Lobt und preist meinen Herrn
und dankt und dient ihm mit großer Demut.

Franz von Assisi (1181–1226) Franziskus dichtete sein „Lied der Geschöpfe" oder „Sonnengesang" am Ende seines Lebens, als er schwerkrank in San Damiano bei Assisi lag. Der „Sonnengesang" ist das älteste Zeugnis italienischer Literatur.

Fragen wir, welchen Stellenwert die Schöpfung in dieser Dichtung *[Sonnengesang]* besitzt. Es handelt sich um keine Theorie der Schöpfung, die Franziskus lediglich in Verse umgesetzt hätte. Es wird nicht ausdrücklich darüber reflektiert, ob die Schöpfung etwas Gutes in sich sei. Solche abstrakten Überlegungen wären dem Wesen der Dichtung fremd und liegen überhaupt Franziskus nicht. Wohl aber fällt die ganz unmittelbare, sinnliche Freude am Glanz der Sonne, am Strahlen der Sterne, am Sprudeln der Quelle, an bunten Blumen, Gräsern und Früchten auf.

Hier schließt niemand von der Vollkommenheit des metaphysischen Ursprungs auf die Qualität des Hervorgebrachten – ein solches Verhältnis zur Schöpfung wäre vermittelt –: Ausgangspunkt ist vielmehr die unmittelbare ins Auge fallende Schönheit der Schöpfung, die damit ihre eigene Dignität besitzt. Eben diese Schönheit ist es, die Franziskus zum Lobe Gottes veranlasst: er preist ihn, weil er etwas so Schönes geschaffen hat. Der Eigenwert der Schöpfung liegt also zunächst in ihrer unmittelbaren, buchstäblich ins Auge fallenden Schönheit. Hermann Hesse hat in seiner kleinen Schrift über Franz von Assisi gesagt: „wenn die Menschen ihn (= Franziskus) vergäßen, müssten Steine und Quellen, Blumen und Vögel von ihm reden. Denn als ein echter Dichter nahm er den Bann von diesen Dingen … und tat sie in ihrer ursprünglichen Schönheit vor unseren Augen auf."

Im Sonnengesang wird diese Einstellung deutlich. Philosophisch gewendet besagt sie: Die Schöpfung besitzt eine ästhetische Qualität, und diese Qualität bewegt durch unsere Sinne unmittelbar unser Gemüt.

Hans-Joachim Werner

HIMMELSPOSTKARTE

Manchmal habe ich das Gefühl, eine Postkarte aus dem Himmel zu erhalten. Zum Beispiel an diesem Abend am Meer:

Ich gehe mit nackten Füßen am Wasser entlang. In den Ohren das Rauschen und über dem Horizont ein roter Feuerball: Die Sonne.

Ihre Farben brechen sich in jeder Welle, die auf dem Strand ausläuft. Ich bleibe stehen und schaue zu, wie sie langsam im Meer versinkt.

Eigentlich ist es ja gar nicht so, überlege ich. Nicht die Sonne versinkt im Meer. Sondern die Erde dreht sich unter ihr weg. Im genau richtigen Abstand, so dass Leben entstehen konnte.

Wie viele Planeten, wie viele Sterne gibt es, auf denen nur Staub und Steine sind. Die nicht mehr sind als große Murmeln auf dem Weg durch das All.

Die Erde aber ist wie gemacht für das Leben. Mit Wasser, Sonnenlicht, Pflanzen und Tieren. Und uns. Alles ist da, was wir brauchen. Ich kann mir nicht vorstellen, dass das ein Zufall ist. Ich atme die salzige Luft ein und schaue zu, wie Himmel und Wolken sich färben. Noch malen die Wellen glitzernde Muster auf den Strand. Und am Spülsaum entdecke ich eine herzförmige Muschel.

Welch ein Wunder ist diese Erde, die sich unter der Sonne dreht. Mit allem, was auf ihr ist. Auch mit mir. Mir wird fast schwindelig, wenn ich darüber nachdenke.

Plötzlich fühle ich mich klein an diesem Abend am Meer. Und doch auf eine seltsame Weise geborgen.

Was ist der Mensch?, frage ich staunend, was ist der Mensch, dass Du, Gott, an ihn denkst?

Unvorstellbar groß muss dieser Gott sein, der das All erschaffen hat. Und doch hält er die Welt behutsam in seinen Händen.

Wunderbar, auf seiner Erde leben zu dürfen. Einer unter Milliarden Menschen. Und doch einzigartig.

Geliebt von diesem großen Gott, der sich an uns erinnert. An jeden einzelnen Menschen, an Sie und an mich.

Und zuweilen, da schickt er uns einen Gruß aus seiner Ewigkeit. Ich denke an dich, steht an diesem Abend auf meiner Himmelspostkarte.

Danke, schreibe ich mit dem Fuß in den Sand. Und hoffe, dass das unermüdliche Meer meine Antwort hinter den Horizont trägt.

Tina Willms

PARADIESSPUREN

Verborgen in Moos
und dichtem Gestrüpp
zwischen Dorn und Nessel
wundersam zarter Lilablütenduft.

Veilchen.

Eine Ahnung, ein Wissen
ein Stückchen Paradies
verborgen im Alltäglichen
für den, der zu schauen weiß.

Maria Sassin

SEI BESCHENKT

die hohe Hoffnung
des Regenbogens über dem Land
das stille Glück
eines langen Nachmittags am Meer
das große Staunen
über den Berg den du bestiegen hast

die reiche Begeisterung
über das erste Schneeglöckchen
der leichte Atem
des ursprünglichen Morgenlichts
die weiche Liebe
einer langen Sternennacht

mögen dich beschenken und segnen

Cornelia Elke Schray

FARBENFROH

Gott hat die Blumen bunt gemacht
Wollt' sie verschieden malen
Im Farbenrausch hat er gelacht
Darüber wie sie strahlen

Gott hat die Tiere bunt gemacht
Aus Schöpferübermut
Hat sie sich farbig ausgedacht
Und siehe es war gut

Gott hat die Menschen bunt gemacht
Und jeden hat er gern
Und geht's nach ihm, dann bleibt die Welt
Ein farbenfroher Stern

Doris Bewernitz

ALLES, WAS DU ERSCHAFFEN HAST

Wir sind erwacht.
Der Schlaf ist noch in unseren Augen,
aber auf unseren Lippen
soll sofort dein Lob sein.
Wir loben und preisen dich.
Wir, das sind die Erde,
das Wasser und der Himmel.
Das sind die Gräser und Sträucher und Säume.
Das sind die Vögel und all das andere Getier.
Das sind die Menschen hier auf der Erde.
Alles, was du erschaffen hast,
freut sich an deiner Sonne
und an deiner Gnade und wärmt sich daran auf.
Der Tag glänzt auf den Gräsern.
Der Nebel hängt noch in den Bäumen,
und ein milder Wind verheißt einen guten Tag.

Dürfen wir uns nicht an allem freuen,
was du geschaffen hast?
Darum sind wir so fröhlich in dieser Morgenstunde,
o Herr.
Mach, dass die Minuten und Stunden
nicht in unseren Händen zerrinnen,
sondern dass wir in deiner Zeit leben.

Afrikanisches Morgengebet

Vom Aufgang
der Sonne
bis zu ihrem
Niedergang

AM ANFANG WAR DAS GESCHENK

Matthew Fox

Am Anfang war das Geschenk.
Und das Geschenk war bei Gott,
und das Geschenk war Gott.
Und das Geschenk kam und schlug sein Zelt
unter uns auf,
zuerst in Form eines Feuerballs,
der 750.000 Jahre lang unvermindert brannte
und in seinem ungeheuer heißen Ofen
Hadronen und Leptonen kochte.
Diese Gaben fanden gerade genug Stabilität,
um die ersten atomaren Geschöpfe zu gebären,
Wasserstoff und Helium.

Eine Milliarde Jahre des Kochens und Brodelns,
bis die Begabungen des Wasserstoffs und Helium
Galaxien gebaren – wirbelnde, sausende,
lebendige Galaxien,
die Billionen Sterne schufen,
Lichter in den Himmeln und kosmische Brutöfen,
die neue Geschenke entstehen ließen
durch gewaltige Explosionen riesiger Supernovas,
in einem Glühen aufflackernd
heller als eine Million Sterne.
Geschenke über Geschenke ,
Begabungen gebärende Gaben,
Geschenke des Lichts, Geschenke der Dunkelheit,
kosmische Begabungen und subatomare
Begabungen.
Treibend alles und wirbelnd, geboren und sterbend,
in einem ungeheuren, geheimnisvollen Plan –
auch dieser ein Geschenk.

Eine dieser Supernovas explodierte auf eigene Art
und sandte eine einzigartige Gabe ins Universum –
von später folgenden Geschöpfen genannt Erde,
ihre Heimat,
ihre Biosphäre, ein Geschenk für sie -,
hüllt sie ein in Schönheit und Würde und genau
den rechten Schutz vor der Sonnenstrahlung,
vor kosmischer Kälte
und vor ewiger Nacht.
Der so begabte Planet wurde als ein Juwel
in eine ausgezeichnete Umgebung gesetzt,
in genau 100 Millionen Meilen Entfernung
von seinem Mutterstern, der Sonne.
Neue Begabungen entstanden,
in ihrer Gestalt neu im Universum –
Felsen, Meere, Kontinente,
vielzellige Geschöpfe, beweglich aus eigener Kraft.
Leben war geboren!
Geschenke aus dem Stoff von Feuerball und Helium,
Galaxien und Sternen, Felsen und Wasser
nahmen nun die Gestalt des Lebens an!
Leben – ein neues Geschenk des Universums,
eine neue Begabung im Universum.
Blumen vielfältiger Farben und Düfte,
aufrechte Bäume.
Wälder entstanden und boten Raum für alle Formen
kriechender und krabbelnder Wesen.
Wesen, die fliegen und singen.
Wesen, die schwimmen und rutschen.
Wesen, die auf vier Füßen laufen.

Und schließlich
Wesen, die stehen und auf zwei Beinen gehen.
Mit beweglichen Daumen für weitergehende
Kreativität –
für noch mehr Begabungen.
Der Mensch wurde ein Geschenk
und eine Bedrohung.
Denn seine Schöpferkräfte waren einzig
in ihrem Potential
zur Zerstörung und zur Heilung.
Wie würde er diese Begabungen anwenden?
Welche Richtung würde er einschlagen?
Die Erde erwartet die Antwort auf diese Fragen.
Und sie wartet noch.
Zitternd.
Lehrer wurden gesandt, Verkörperungen
des Göttlichen,
aus Erde geboren –
Isis und Hesiod, Buddha und Laotse, Mose und Jesaja,
Sara und Esther, Jesus und Paulus,
Maria und Hildegard, Häuptling Seattle
und die Büffelfrau –
um die Menschen Wege des Mitgefühls zu lehren.
Und immer noch wartet die Erde,
ob die Menschheit ein Geschenk sei oder ein Fluch.
Zitternd.
Hast du je ein Geschenk gegeben
und es später bereut?
Die Erde grübelt und wartet.
Denn das Geschenk ist Fleisch geworden
und wohnt überall unter uns,
und wir neigen dazu, es nicht zu kennen.

Und wir behandeln es nicht wie eine Begabung,
sondern als ein Objekt,
das wir benutzen, missbrauchen, niedertreten –
ja kreuzigen.
Jenen aber, die das Geschenk mit Ehrfurcht
empfangen,
ist alles verheißen.
Alle werden sie Kinder des Geschenks heißen,
Söhne und Töchter der Gnade.
Durch alle Generationen.

Matthew Fox (geb. 1940), US-amerikanischer Theologe und Weisheitslehrer, gründete 1996 in Oakland eine eigene Universität, die seit 2005 Ubiquity University Wisdom School heißt. Gegenwärtig ist Erfolgsautor Ken Wilber Kanzler der Universität.

EIN WORT NUR

ein Wort
nur
des Schöpfers
ins Nichts
gesagt
und
Leben
wurde
und wurde Licht
und wurde Dunkelheit
und wurde Glück
und wurden Tränen
und wurden
wir
und werden sein
in seiner Hand
auf ewig

Annette Soete

TRAUM

Da schiebt die Nacht sich zur Seite
Da fallen Sterne an Land
Einen Pinsel und eine Palette
Geben sie mir in die Hand

Da will ich den Pinsel greifen
Und meine Bilder malen
Alle Farben des Regenbogens
Sollen in ihnen erstrahlen

Da will ich klein sein und fröhlich
Wie gut mir alles gefällt
Neu will ich sein und staunen
Über die Schönheit der Welt

Doris Bewernitz

EHRFURCHT

Der Theologe und Schriftsteller Christoph Schmid wanderte einmal durch die Felder, auf denen das Getreide reifte. Da begegnete er einem Bauern, der in der glühenden Sonne ohne Hut ging. Auf die Empfehlung des Priesters, den Hut doch aufzusetzen, entgegnete der Bauer: „Wenn ich durch meine reifen Felder gehe, setze ich den Hut nicht auf, weil man Ehrfurcht haben muss vor dem geheimnisvollen Walten und Wirken Gottes, das sich da still vollzieht."

Überliefert

DU, MEIN GARTEN

Singt, ihr Zaunkönige, singt das Loblied des Schöpfers.
Strahlt, ihr Libellen, strahlt von der Güte des Schöpfers.
Blüht, ihr Lilien, blüht für den Glanz des Schöpfers.
Jagt, ihr Wolken, jagt für den Ruhm des Schöpfers.
Summt, ihr Bienen, summt das Hohelied des Schöpfers.
Tanzt, ihr Wipfel, tanzt den Rhythmus des Schöpfers.
Lauft, ihr Ameisen, lauft die Wege des Schöpfers.
Rank dich, du Efeu, rank dich in die Arme des Schöpfers.
Dufte, mein Dill, dufte für die Werkstatt des Schöpfers.
Krabbelt, ihr Käfer,
krabbelt nach dem Willen des Schöpfers.
Segelt, ihr Schwalben,
segelt am Himmel des Schöpfers.
Erzählt, ihr Steine, erzählt von der Geschichte
des Schöpfers.
Beugt euch, ihr Halme,
beugt euch den Kräften des Schöpfers.
Singt, ihr Amseln, singt von den Melodien des Schöpfers.
Schreit, ihr Möwen, schreit von der Lust des Schöpfers.
Ich will mit euch singen und tanzen, träumen und
danken für die Güte des Schöpfers,
wenn der Tau sich wie ein Wasserteppich
aus silbernen Kugeln
auf das Gras legt,
wenn der Abend sich wie ein Gewand
um die Welt hüllt.
Und segnen will ich euch, meine Geschwister,
ja, segnen will ich euch.

Peter Spangenberg

Erster Tag

Gott sprach: Es werde Licht! Und es wurde Licht.
Und Gott sah, dass das Licht gut war.

Zweiter Tag

Gott machte ein Gewölbe und schied das Wasser unterhalb des Gewölbes vom Wasser oberhalb.

Dritter Tag
Gott sprach: Die Erde lasse aufgehen Gras und Pflanzen, die Samen tragen, und fruchtbare Bäume, die Früchte tragen.

Vierter Tag
Gott machte zwei große Lichter: Ein großes Licht,
das den Tag regiere, und ein kleines Licht,
das die Nacht regiere, dazu auch Sterne.

Fünfter Tag

Gott sprach: Es rege sich das Wasser mit webenden und lebendigen Tieren, und Vögel sollen fliegen auf Erden unter dem Gewölbe des Himmels.

Sechster Tag

Gott sprach: Die Erde bringe hervor lebendige Tiere, ein jegliches nach seiner Art. Und Gott sprach: Lasst uns Menschen machen, ein Bild, das uns gleich sei.

Siebter Tag
Gott ruhte am siebenten Tage
von allen seinen Werken, die er machte.

TÜPFELFARN

Die Welt ist eine Spirale
Sie schläft in meinem Schoß
Beim ersten Frühlingssignale
Lass ich sie los

Sie entrollt sich nach alten Gesetzen
Nirgendwo niedergeschrieben
Gestaltet vom großen Gestalter
Wunder geblieben

Alles ist in ihr enthalten
Leben, Geburt und Tod
Traumwandlerisches Entfalten
Jubel, Begehren und Not

Tausendfach wachsen die Samen
In mir wie Edelgestein
Die Welt ist eine Spirale
Sie könnte nicht schöner sein

Doris Bewernitz

EIN TAG IM JUNI

Mohnblumengeflatter
Lupinenkerzenblühparade
Rittersspornhimmelsgruß
Rosenknospenahnungsfülle
Tagliliensterneleuchten
Nelkenduftwolkenwehen
und über allem
der sommerwarme
köstliche Atem
des Lebens

Angelika Wolff

GESCHENKE DER SCHÖPFUNG

Innehalten
für einen Moment
die Vollkommenheit
des Regenbogens bewundern
dem Lachen der Kinder lauschen
den Duft der Rose atmen
innehalten
und mein Schatzkästchen füllen
mit Geschenken
der Schöpfung

Gabriela Paydl

DIE KREISLÄUFE DER NATUR

Die Natur ist in ihrem Dienst für den Menschen nicht nur der Stoff, sondern auch das Werden und das Ergebnis. Alle Teile fügen sich unentwegt zum Wohle des Menschen. Der Wind sät die Saat; die Sonne verdunstet das Meer; der Wind treibt die Wolken auf das Feld; auf der anderen Seite des Planeten verflüssigt das Eis sich zu Regen; der Regen nährt die Pflanze; die Pflanze nährt das Tier, und so erhalten die endlosen Kreisläufe göttlicher Barmherzigkeit den Menschen.

Ralph Waldo Emerson

DIE SCHÖPFUNG SPRICHT

Die Schöpfung spricht. Sie spricht auch im Schweigen. Sie singt und säuselt. Sie knarrt und ächzt, sie wächst unmerklich, aber stetig, blüht auf und verdorrt. Blüht wieder auf, herzzerreißend schön. Sie ist auch ganz still, schenkt Stille, eine berauschende Stille. Und sie tost und tobt, stürmt und braust, donnert und kracht. Sie verweist uns auf unsere Verletzlichkeit und lässt uns erschaudern: im Staunen und im Erschüttertsein. Hören, Schauen, Schmecken, Tasten. Eintauchen, Einswerden. Über allem ist die Sonne, die Lebensspenderin, die ihrem ihr vorgegebenen Lauf folgt, die jeden Morgen verlässlich wiederkommt, auch wenn sie »nicht jeden Tag scheint« – im wörtlichen wie im übertragenen Sinne.

Friedrich Schorlemmer

Mein Platz
in der Welt

MEIN UREIGENER WEG

Pierre Stutz

„Bäume leben in einem inneren Gleichgewicht. Sie teilen sich ihre Kräfte sorgfältig ein ... sie gleichen Schwächen und Stärken untereinander aus“, schreibt Peter Wohlleben in seinem Bestseller *Das geheime Leben der Bäume* (München 2015). Ein inspirierendes Buch, weil Bäume von Kindesbeinen an meine Begleiter sind. Meinem Lieblingsbaum, einer Birke, habe ich alles anvertraut. Sie hat mich zum Dasein bestärkt; schützend, zuhörend, herausfordernd war sie da für mich. Als sie eines Morgens gefällt wurde, verstand ich die Welt nicht mehr, lange habe ich geweint. Ich fühlte mich nackt, ungeschützt, umhüllt von einer Verlorenheit, die meine zerbrechlichen Seiten freilegte ... Seit dieser schmerzlichen Erfahrung sind Bäume auch meine spirituellen Begleiter.

Ich bin mit ihnen in einem inneren Dialog. Ich schaue sie nicht nur an und spreche mit ihnen, sondern ich lasse mich von ihnen an-sehen und sie sprechen mir tiefe Lebensweisheiten zu. Seit vielen Jahren ermutigen sie mich, meinen ureigenen Weg zu gehen. Sie erlauben mir unvollkommen zu sein, kraftvoll und verletzlich.

Bäume lehren uns im Frühjahr die Kunst des Aufblühens und im Herbst die Fähigkeit zum Loslassen. Sie erinnern mich an die göttliche Vertrauenskraft in mir, die mich zum lebenslangen Werden entlastet, damit ich über mich selbst hinauswachsen kann.

Jeder spirituelle Weg führt zur Bewahrung der Schöpfung. Bäume bestärken uns zu einem solidarischen Handeln, in dem wir einander Halt im Widerstand geben. Je mehr ich eintauche in das Geschenk des verbindenden Lebensatem Gottes, umso mehr bin gerufen, mich auch mit den Bäumen zu solidarisieren. Beten heißt für mich, auch regelmäßig Protestbriefe und -mails zu senden, die die Organisation »Rettet den Regenwald« vorbereitet. Meine Lebensaufgabe besteht darin, liebend-segnend unterwegs zu sein. Ein glaubwürdiger Segen bestärkt uns, uns für Klimaschutz und für die Förderung der öffentlichen Verkehrsmittel einzusetzen. Erde und Himmel segnend zu verbinden, führt zu einem ökologischen Handeln, damit Mensch, Tier, Pflanzen, die ganze Schöpfung eine gesunde Luft einatmen können.

Die Mystikerin *Hildegard von Bingen* (1098–1179) verweist in ihrer Gesundheitslehre auf die Heilkraft der Bäume. Jene heilende Kraft, die uns einen gesunden Lebensrhythmus aufzeigt, in dem wir jeden Tag das Geschenk des Lebens auskosten können und zugleich die Verletzlichkeit und Endlichkeit des Lebens annehmen.

Pierre Stutz, geb. 1953, ist einer der bekanntesten spirituellen Lehrer und Autoren unserer Zeit. Seine Inspiration zieht er aus seinem persönlichen Hoffen und Ringen; Kraft bei dieser Suche geben ihm neben der christlichen Mystik und biblischen Texten vor allem Begegnungen mit Filmen.
www.pierrestutz.ch

FREUNDIN ERDE

Verlässliche Freundin Erde:

Klatschmohnrot
erzählt sie von Liebe,
die ungeahnte Kräfte entfacht.

Amselsanft
singt sie von Hoffnung,
die traumschwere Nächte überdauert.

Baumkronenweit
rauscht sie vom Lebensgeist,
der unverhofft Neues schafft.

Pulverschneeglitzernd
schweigt sie vom Staunen,
das harte Herzen erweicht.

So leben will ich,
dass auch ich ihr,
dieser Erde,
eine Freundin bin.

Tina Willms

ICH VERTRAUE MICH AN

Die Natur bewertet nicht. Ich darf so sein, wie ich bin. Ich muss mich nicht beweisen. Ich bin einfach. Indem ich mich der Natur anvertraue, vertraue ich mich dem Leben an, vertraue ich mich Gott an. Und ich erlaube mir, einfach so zu sein, wie ich bin. Denn so wie ich bin, mit allen Höhen und Tiefen, mit meiner Dunkelheit und dem Licht in mir darf ich sein, bin ich Gottes Geschöpf, voller Lebendigkeit und voller Liebe. In der Natur spüre ich, dass mir nichts Menschliches, ja nichts Kosmisches fremd ist. Der Blick in den nächtlichen Sternenhimmel zeigt mir, dass wir eingebunden sind in einen größeren Zusammenhang. Das Große und das Kleine, das mir in der Natur begegnet, sagen mir etwas vom großartigen Wunder des Lebens, dessen Teil wir sind. Alles, was ich außerhalb von mir beobachte, ist auch in mir. So kann ich gerade in der Natur oft die Erfahrung tiefen Einsseins machen. Ich bin eins mit allem und erfahre so auch den Einklang mit mir selbst und das Einssein mit Gott, der die ganze Natur durchdringt mit seiner Liebe.

Anselm Grün

BEGEGNE MIR

Begegne mir,
dass ich dich erkenne,
in den Flügeln des Käfers,
in der Beharrlichkeit des Löwenzahns,
im Staunen über die Kunst des Vogelnestes.

Berühre mich,
dass ich dich festhalte,
in der Flüchtigkeit des Regenbogens,
mit der Kraft einer Augenblicksammlerin,
im Aufbrechen mit sehr leichtem Gepäck.

Bestärke, behüte, bewahre mich,
in deinem Frieden.

Cornelia Elke Schray

BITTE

Wir werden eingetaucht
und mit dem Wasser der Sintflut gewaschen,
wir werden durchnäßt
bis auf die Herzhaut.

Der Wunsch nach der Landschaft
diesseits der Tränengrenze
taugt nicht,
der Wunsch, den Blütenfrühling zu halten,
der Wunsch, verschont zu bleiben,
taugt nicht.

Es taugt die Bitte,
daß bei Sonnenaufgang die Taube
den Zweig vom Ölbaum bringe.
Daß die Frucht so bunt wie die Blüte sei,
daß noch die Blätter der Rose am Boden
eine leuchtende Krone bilden.

Und daß wir aus der Flut,
daß wir aus der Löwengrube und dem feurigen Ofen
immer versehrter und immer heiler
stets von neuem
zu uns selbst
entlassen werden.

Hilde Domin

TEIL SEIN

Sein wie die Grille
nicht schachern und handeln
nicht zerstören und verschandeln
nur sein, ganz sein in einem Lied
als ein Ton der Symphonie der Welt
und mit zirpendem Flügelschlag
verkünden den großen Traum
vom friedvollen Teilsein
im Konzert der Schöpfung.

Maria Sassin

EINS SEIN

Das personalistische Bild der Einheit der Schöpfung veranlasst mich jedes Mal zu der demütigen Feststellung, dass alle Geschöpfe Brüder sind und dass die Verantwortung des Menschen sich unendlich weit auf die ganze Schöpfung erstreckt.

Charles Birch

GEMEINSAM I

Vergesset nicht
Freunde
wir reisen gemeinsam

besteigen Berge
pflücken Himbeeren
lassen uns tragen
von den vier Winden

Vergesset nicht
es ist unsre
gemeinsame Welt
die ungeteilte
ach die geteilte

die uns aufblühen lässt
die uns vernichtet
diese zerrissene
ungeteilte Erde
auf der wir
gemeinsam reisen

Rose Ausländer

BILDERBUCH DER WUNDER

Sieh nur,
das Antlitz des Ewigen,
in einem Gänseblümchen.

Guck mal,
das Leuchten des Firmamentes,
in deinen Augen.

Schau doch,
das große weite Meer
in einem Tautropfen.

Ist nicht das ganze Leben,
ein großes Bilderbuch
der kleinen Wunder?

Cornelia Elke Schray

VERWANDTSCHAFT

ich trage dich
sagt die erde
komm in meine arme
sagt der himmel
guten morgen schwester
sagen die blumen
tauche ein
sagen die wellen
lehn dich an
sagt der baum
vertraue
sagen die wurzeln
öffne dich
sagt das licht

Doris Bewernitz

EIGENWERT DER SCHÖPFUNG

Während wir die Dinge in verantwortlicher Weise gebrauchen dürfen, sind wir zugleich aufgerufen zu erkennen, dass die anderen Lebewesen vor Gott einen Eigenwert besitzen und ihn „schon allein durch ihr Dasein preisen und verherrlichen", denn der Herr freut sich seiner Werke (vgl. Psalm 104,31). Gerade wegen seiner einzigartigen Würde und weil er mit Vernunft begabt ist, ist der Mensch aufgerufen, die Schöpfung mit ihren inneren Gesetzen zu respektieren, denn „der Herr hat die Erde mit Weisheit gegründet" (Buch der Sprichwörter 3,19).

Franziskus

ANDACHT

Lege dich nieder
auf die Erde
aus der du kamst

Verneige dich
vor den Pflanzen
deinen Geschwistern

Teile den Platz
mit den Tieren
auf diesem Stern

Öffne dein Herz
einem Menschen
dir gegenüber

Doris Bewernitz

LIEBESFÄHIGKEIT

Mit der Liebe des Mannes zur Frau, zu seinen Kindern, zu seinen Freunden und bis zu einem gewissen Grad für sein Land glauben wir oft die verschiedenen natürlichen Liebesformen erschöpft zu haben. In dieser Liste fehlt aber gerade die fundamentalste Form der Leidenschaft: die die Elemente des Alls, eins dem andern, in die Arme schleudert, unter dem Druck eines Universums, das sich zusammenschließt. Die gegenseitige Anziehung und folglich das kosmische Fühlen.

Universale Liebe: Sie ist nicht nur psychologisch möglich, sondern sie ist die einzige vollständige und endgültige Art unserer Liebesfähigkeit.

Pierre Teilhard de Chardin

WO UND WOFÜR ICH LEBTE

Ich zog in den Wald, weil ich den Wunsch hatte, mit Überlegung zu leben, dem eigentlichen, wirklichen Leben näherzutreten, zu sehen, ob ich nicht lernen konnte, was es zu lehren hatte, damit ich nicht, wenn es zum Sterben ginge, einsehen müsste, dass ich nicht gelebt hatte. Ich wollte nicht das leben, was nicht Leben war; das Leben ist so kostbar.

Henri David Thoreau

HIMMEL UND ERDE IN SICH SELBST

O Mensch, schau dir doch daraufhin den Menschen richtig an; der Mensch hat ja Himmel und Erde und die ganze übrige Kreatur schon in sich selber und ist doch eine ganze Gestalt, und in ihm ist alles schon verborgen vorhanden.

Hildegard von Bingen

ALL-EIN

Ich kam ans Meer

Schwieg mich aus
Trank aus dem Kelch
Der Ewigkeit
Badete in der Herrlichkeit
Der Schöpfung
Verlor mich
Fand mich
Verstand mich
Mein Atmen mein Leben
Das Salz meiner Tränen
Aß und trank
Vom Mahl des Himmels

Und wurde satt

Cornelia Elke Schray

AM MEER

Wellen wie Sehnsucht groß
Stetig und schlicht
Möwen im Meeresschoß
Kreischendes Licht
Himmel wie Welten weit
Kein Horizont
Wasserunendlichkeit
Herbstlich durchsonnt
Winziges Menschenkind
Sitz ich am Strand
Durch meine Hände rinnt
Uralter Sand

Doris Bewernitz

SICH AN DIE NATUR HALTEN

Wenn Sie sich an die Natur halten, an das Einfache an ihr, an das Kleine, das kaum einer sieht, und das so unversehens zum Großen und Unermesslichen werden kann; wenn Sie diese Liebe haben zu dem Geringen und ganz schlicht als ein Dienender das Vertrauen dessen zu gewinnen suchen, was arm scheint: Dann wird Ihnen alles leichter, einheitlicher und irgendwie versöhnender werden, nicht im Verstande vielleicht, der staunend zurückbleibt, aber in Ihrem innersten Bewusstsein, Wachsein und Wissen.

Rainer Maria Rilke

WACHSEN WIE EIN BAUM

Denn so wenig wie vom Baum weißt du vom Menschen, wenn du ihn in seiner Dauer ausbreitest und ihn nach seinen Unterschieden einteilst. Mitnichten ist der Baum zuerst Same, dann Spross, dann biegsamer Stamm, dann dürres Holz. Man darf ihn nicht zerlegen, wenn man ihn kennenlernen will. Der Baum ist jene Macht, die sich langsam dem Himmel vermählt. So steht es mit dir, du kleiner Mensch. Gott lässt dich geboren werden und aufwachsen, er erfüllt dich nacheinander mit Wünschen und Klagen, mit Freuden und Leiden, mit Zorn und Vergebung; dann nimmt er dich heim zu sich. Du bist indessen weder dieser Schüler noch dieser Gatte, weder dieses Kind noch dieser Greis. Du bist einer, der sich vollendet. Und wenn du dich als ein wiegender Zweig zu entdecken weißt, der fest mit dem Ölbaum verwachsen ist, wirst du in deinen Bewegungen die Ewigkeit kosten. Und alles um dich her wird ewig werden (…). Die Zeit ist dann nicht mehr ein Stundenglas, das seinen Sand verbraucht, sondern eine Schnitterin, die ihre Garbe bindet.

Antoine de Saint-Exupéry

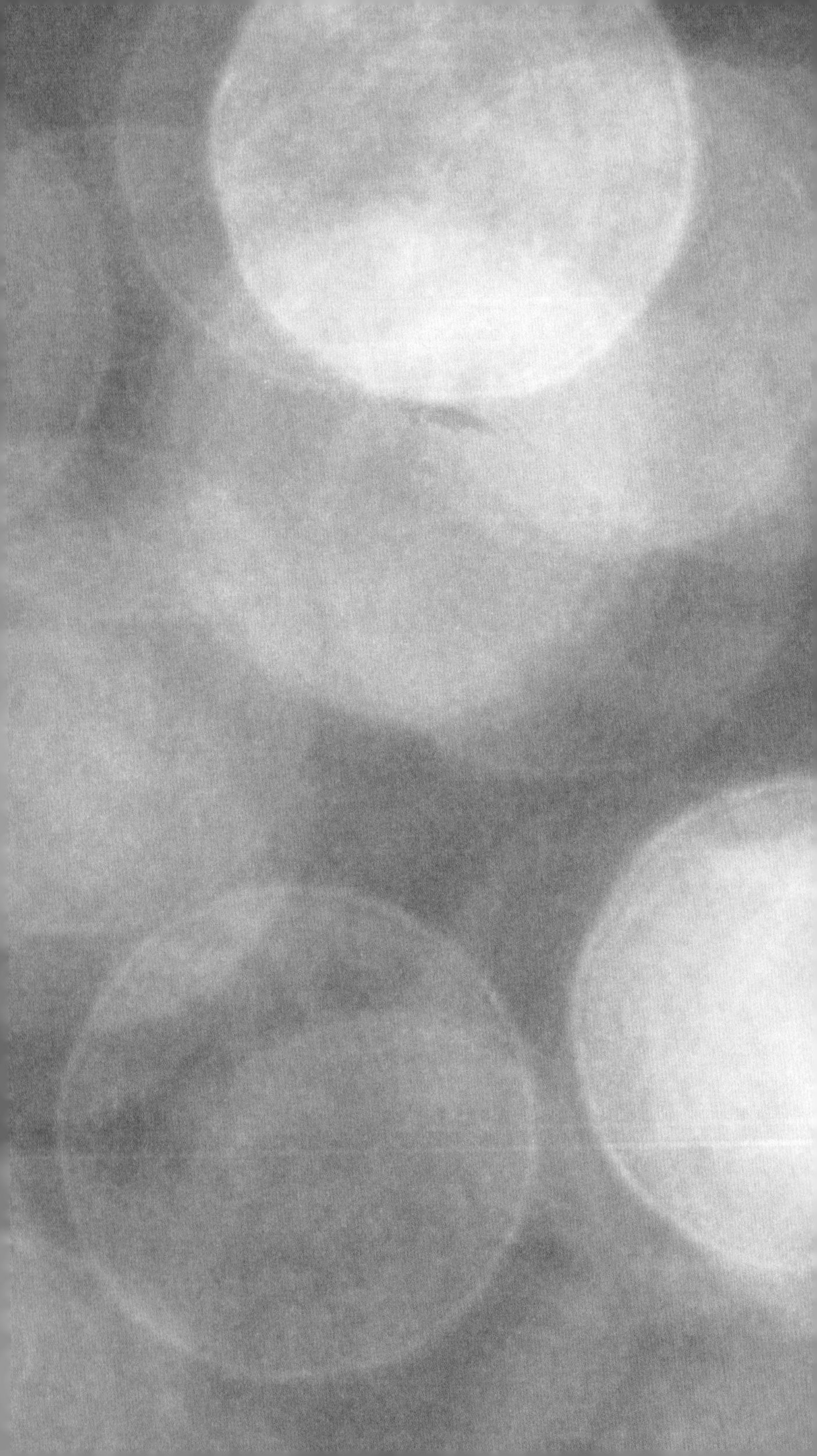

Weniger ist mehr

DANKBARKEIT VERÄNDERT DAS LEBEN

Franz Alt

Wenn wir der Stimme unseres Herzens lauschen, erkennen wir, dass diese Stimme eins ist mit unserem Selbst, mit uns selbst – mit unserer Seele. Und genau hier und genau jetzt haben wir die Chance, den Herzschlag des Göttlichen zu ahnen und zu spüren. Wir erleben die Wirklichkeit der Seele, die älter ist als unsere Ratio und unser Denken. Der irisch-keltische Mystiker *John O´Donohue* (1956–2008) nennt diese Realität: „Unsere Seele empfängt den Kuss Gottes." Wir haben verlernt, auf das Echo unserer Seele zu achten, weil wir verlernt haben, auf unsere Träume zu achten und für unsere Träume zu danken.

Das Wort „Danke" gehört wie das Wort „Bitte" zu den Zauberwörtern unserer Kommunikation. Dankbarkeit verändert unser Leben und erfüllt uns mit Kraft und Vitalität. Ein Gefühl der Dankbarkeit kann uns inspirieren zur Lust auf Zukunft. Wir sollten nichts als selbstverständlich hinnehmen. Auch mir geht es immer wieder so: Erst wenn mich mal wieder eine Krankheit erwischt hat oder wenn ich mit behinderten Menschen zusammen bin, lerne ich aufs Neue Dankbarkeit für mein Gesundsein. Dankbarkeit lehrt uns, bewusst das Leben wert zu schätzen und damit mehr Glück, Trost und Zufriedenheit zu finden.

„Alles, was Odem hat, lobe den Herrn. Halleluja" (Psalm 150,6). Die Heiligen Schriften aller Religionen beinhalten Texte von Liebe, Frieden, Gewaltfreiheit, Gerechtigkeit und Dankbarkeit als ein Ja-Sagen zum Leben. In der Praxis der Dankbarkeit sind sich alle Re-

ligionen vielleicht am nächsten. Sie setzen wenigstens damit ein Zeichen ihrer Gemeinsamkeit.

Als der Benediktinerpater *David Steindl-Rast* eine Website über Dankbarkeit gestaltete, wurde daraus rasch eine „Samenbombe" – wie er es nennt. Sie fiel in der ganzen Welt auf fruchtbaren Boden: www.gratefulness.org. Es entstand das Netzwerk „Dankbar leben". Tenor dieser vielleicht neuesten Weltbewegung: „Glücklich ist, wer dankbar ist".

Die Kraft dieser Dankbarkeitsidee spricht Millionen Menschen aller Nationen und Religionen an. Es gibt wohl kaum einen Menschen, der in der Dankbarkeit keinen positiven Wert sieht. Dankbarkeit verbindet alle Menschen – über alle sozialen, kulturellen, ökonomischen, religiösen und Altersschichten hinweg.

Auch für ein Kind ist der Wert der Dankbarkeit leicht verstehbar. Und er ist allgemein anerkannt. Überall entstehen heute Dankbarkeitsgruppen, die sich miteinander vernetzen.

Warum Dankbarkeit? Weil das Leben in jeder Phase, in jedem Augenblick und in jedem Alter ein Geschenk ist. Niemand hat sich selbst erschaffen. Das Leben ist das größte Geschenk, das wir uns vorstellen können. Dankbarkeit ist sicher nicht alles, aber ohne Dankbarkeit ist alles nichts. In Dankbarkeit sind wir in jedem Augenblick mit allem Leben verbunden – auch mit tierischem, pflanzlichem und kosmischem Leben.

Dankbarkeit führt dazu, dass wir unser Leben bewusst wertschätzen lernen. Dankbarkeit führt zu Glück und Zufriedenheit – aber auch zur Erkenntnis, dass wir zum Glück nicht immer glücklich sein müssen. Dankbares Leben ist kreatives Leben. Und dazu gehört auch der Kampf für mehr Gerechtigkeit auf der Welt, der Kampf für Frieden und für mehr Liebe.

Der *XIV. Dalai Lama* meint: „Der Sinn unseres Lebens ist, dass wir glücklich werden". Dieses Glück kann nur in Dankbarkeit erfahren und empfangen werden. Nur wenn ich dankbar bin, kann ich glücklich werden. Eine US-Studie hat gezeigt, dass neben anderen Stärken, die in uns angelegt sind, keine so sehr wie die Dankbarkeit zu mehr Beziehungsfähigkeit und Wohlbefinden führt – auch nicht solche Hochkaräter wie Liebe, Güte, Kreativität und Hoffnung.

Dankbarkeit ist die Medizin für ein wahrhaftiges Leben: kostenlos, wirksam und nachhaltig. Dankbarkeit ist die „denkbar authentischste und ehrlichste Lebenseinstellung". Sie ist eine neue und zugleich uralte Sichtweise, die das ganze Leben verändert. Sie ist die Religion des Lebens.

Zugleich ist das Zauberwort „Danke" das kürzeste und wirkungsvollste Gebet der Menschheit. Jede und jeder hat es schon selbst erfahren, dass dieses Wort Wunder bewirken kann. Die Praxis der Dankbarkeit ist jedem und jeder zugänglich. Sie versetzt uns in die Lage, uns nicht nur gut zu fühlen, sondern auch Gutes zu tun …

Die Dankbarkeit rettet uns auch vor den Räubern unserer Lebensfreude. Sie wirkt sich positiv aus auf unser Immunsystem, auf unseren Hormonhaushalt, auf unsere Seelenruhe und auf unsere gesamte Gesundheit. Gelebte und reflektierte Dankbarkeit ist ein Stress-Killer …

Dass wir das Danken und das Staunen über die Wunder des Lebens vielfach verlernt haben, ist wahrscheinlich unser größter moralischer Defekt. Wir wissen zwar, dass die chemische Formel für Wasser H_2O ist – aber dass Wasser weit mehr ist als Chemie, haben wir verlernt. Wir wissen zwar wie sich das Licht bricht und wie ein Baby und eine Pflanze wachsen, aber das Licht, das Baby und die Pflanze bleiben ein Wunder. Dass Bäche und Flüsse die Lebensadern unserer Landschaften sind und unsere Seen die blauen Augen der Flure ist uns aus dem Sinn gekommen. Doch Wälder sind die grünen Lungen unserer Heimat und Moore sind Naturarchiv und CO_2-Speicher. Auch der Mensch braucht Naturoasen.

Dr. Franz Alt ist Journalist und Buchautor. Er wirkte viele Jahre für das Fernsehen und ist der am meisten ausgezeichnete deutsche Fernsehjournalist. Seit Jahrzehnten tritt der politisch engagierte Denker für ein neues ökologisches Bewusstsein ein.

GENUG

Wir haben so viel und wir wünschen noch mehr
Ach wenn doch das dauernde Wünschen nicht wär
Genug ist genug mehr brauchen wir nicht
Der Tau auf dem Gras und im Tropfen das Licht
Das Brot auf dem Tisch und das Wasser im Krug
Das Herz voller Frieden genug ist genug

Doris Bewernitz

GENÜGSAMKEIT

Die Genügsamkeit, die unbefangen und bewusst gelebt wird, ist befreiend. Sie bedeutet nicht weniger Leben, sie bedeutet nicht geringere Intensität, sondern ganz das Gegenteil. In Wirklichkeit kosten diejenigen jeden einzelnen Moment mehr aus und erleben ihn besser, die aufhören, auf der ständigen Suche nach dem, was sie nicht haben, hier und da und dort etwas aufzupicken: Sie sind es, die erfahren, was es bedeutet, jeden Menschen und jedes Ding zu würdigen, und die lernen, mit den einfachsten Dingen in Berührung zu kommen und sich daran zu freuen. So sind sie fähig, die unbefriedigten Bedürfnisse abzubauen, und reduzieren die Ermüdung und das versessene Streben. Man kann wenig benötigen und erfüllt leben, vor allem, wenn man fähig ist, das Gefallen an anderen Dingen zu entwickeln und in den geschwisterlichen Begegnungen, im Dienen, in der Entfaltung der eigenen Charismen, in Musik und Kunst, im Kontakt mit der Natur und im Gebet Erfüllung zu finden. Das Glück erfordert, dass wir verstehen, einige Bedürfnisse, die uns betäuben, einzuschränken, und so ansprechbar bleiben für die vielen Möglichkeiten, die das Leben bietet.

Franziskus

WEG

die einschränkung
auf das wesentliche
ist der einzige weg

in die tiefe
und
in die höhe

Helena Aeschbacher-Sinecká

VIEL WENIGER

Wer mit wenig viel anzufangen weiß, wird die Dinge genauer kennenlernen. Dem offenbart sich eine Fülle von Details und Bezügen, die vorher wie unsichtbar schienen. Verzichten bedeutet ja nicht, weniger zu leben, sondern alles intensiver wahrzunehmen. Sich im Besitz oder Verhalten zu beschränken schenkt eine unerwartete Freiheit und offenbart zahlreiche Möglichkeiten. Das führt zu einer von Dankbarkeit erfüllten Sichtweise und verändert den Umgang mit den eigenen Fähigkeiten. Wahrer Reichtum entsteht aus der Erkenntnis, was man zum Leben alles nicht benötigt.

Thomas Romanus

Kürzlich stolperte ich wieder einmal über diese etwas hilflose Beteuerung, bewusster zu konsumieren, bedeute keinen Verzicht. In meinen Ohren klingt das seltsam. Ich merke, dass ich in ganz anderen Kategorien denke. Ein bewusster Lebensstil gehört zu dem guten Leben, das ich mir wünsche. Ein Leben in Freiheit, ein einfaches, erdverbundenes, menschenfreundliches Leben in Schönheit und Großzügigkeit. Dieser Wunsch treibt mich an, er steckt in mir und ich glaube, dass Gott sich seine Welt und unser Leben so gedacht hat. Aber zu jedem Weg, den ich gehe, zu jeder Sehnsucht, der ich folge, zu jeder Entscheidung, die ich treffe, gehört auch, etwas aufzugeben. Immer. Die Frage ist nicht, ob ich auf etwas verzichte, sondern worauf. Wer dem Auto immer den Vorrang gibt, weil für ihn Zugfahren der Verzicht auf die individuelle Zeitplanung bedeutet, muss damit leben, dass überall Autos fahren und parken und ihre Abgase in die Luft blasen. Und verzichtet damit auf freien Platz zum Spielen und Erholen, auf sichere Radwege, auf saubere Luft und häufigere Zugverbindungen. Weil wir im Westen sechzig Kilo Fleisch und Wurst im Jahr essen, verzichten wir auf unbelastete Böden und sauberes Grundwasser und bald ziemlich sicher auf die Wirksamkeit von Antibiotika, weil durch den übermäßigen Einsatz in der Massentierhaltung die Keime resistenter werden.
Wir verzichten schon lange ... Vielleicht ist das sogar der Punkt: Wir verzichten auf viel zu viel – oder demnächst unsere Kinder –, und dagegen möchte ich etwas tun.

Anja Schäfer

AM ENDE DES TAGES

Wenn der Tag vorüber ist, denke ich an alles, was ich getan habe.

Habe ich den Tag vergeudet oder habe ich etwas erreicht? Habe ich mir einen neuen Freund gemacht oder einen Feind?

War ich heute wütend oder war ich freundlich? Habe ich eine Entscheidung für mich getroffen oder Chancen ungenutzt verstreichen lassen? Was ich auch getan habe, es ist vorbei.

Während ich schlafe, bringt die Welt einen neuen, strahlenden Tag hervor, den ich gebrauchen kann oder vergeuden oder was immer ich will.

Heute Abend nehme ich mir vor:
Ich werde gut sein,
ich werde freundlich sein,
ich werde etwas tun, was wert ist, getan zu werden.

Weisheit der Indianer

DAS WESENTLICHE

Ich werfe jeden Tag mehr auf den
Scheiterhaufen des Unwesentlichen –
das Schöne bei diesem Tun ist,
dass das Wesentliche dabei nicht kleiner,
enger wird, sondern gerade mächtiger
und großartiger.

Franz Marc

EINFACH LEBEN

der gestaltete
mangel
die freiwillige
begrenzung
der selbstbestimmte
verzicht
sie ermöglichen
großen genuss

Beate Schlumberger

Ich koche und backe gerne, sehr gerne sogar. Wenn ich koche, dann koche ich Altbewährtes, auch Neues, stets recht bunt und gesund. Und wenn ich backe, dann am allerliebsten Brot. Hier habe ich eine kleine Sammlung von persönlich gesammelten Rezepten. Einige habe ich von Reisen mitgebracht, einige hier im Familien- und Freundeskreis gekostet und dann für mich entdeckt – und mir die Rezepte organisiert.

Stets ist es mir eine große Freude, die Zutaten bereitzustellen, den Teig vorzubereiten, gehen zu lassen, aufzupassen, dass er keinen zu kalten Luftzug bekommt, bis er dann in eine Form und in den Backofen kommt. Belohnt werde ich dann mit einem wunderbaren Duft, der durchs Haus zieht – und nach dem Ende der Backzeit mit einem köstlichen Brot, das dann auskühlen darf und manchmal in noch lauwarmem Zustand angeschnitten und probiert wird. Ganz einfach zu genießen, voller Dankbarkeit, mit oder ohne Butter oder einem anderen Belag darauf. Und es wird geteilt, mit meinem Mann, mit der Familie, mit Freunden, die zu Besuch sind.

Brot ist für mich mehr als Brot: ein sinnliches und sinnvolles Vergnügen, das die Basis des Überlebens ist, für mich stets ein Brot des Lebens …

Doris Wohlfarth

SCHMECKEN

brot essen
einfach mal wieder
einfach sein
nur brot essen
ohne was drauf
ohne marmelade
ohne wurst
brot pur

nee
das
mag ich nicht
ist mir zu trocken
wenigstens butter drauf
das ginge noch

wasser trinken
einfach mal wieder
einfach sein
und nur wasser trinken
kein sprudel
keine limo
kein kaffee
wasser pur

nee
das
mag ich nicht

zu fad
wenigstens
mit kohlensäure
das ginge noch

brot essen
wasser dazu trinken
einen ganzen tag lang

nicht
um zu fasten
nicht
um abzunehmen
sondern
um achtsam zu sein
auf die
lebens-not-wendigkeiten
um das wesentliche
wieder schmecken zu können

Sabine Heuser

„Alle diese Tage, die kamen und gingen. Ich wusste nicht, dass sie das Leben selbst waren", bekennt der schwedische Dichter Stig Johansson mit einem Unterton des Selbstvorwurfes. Alle diese Tage – sie waren mein Leben und ich habe es nicht erkannt. Achtlos, fast bewusstlos habe ich das Leben an mir vorüber gehen lassen wie einen Film in fremder Sprache, immer in der Hoffnung, es käme da noch eine ganz große Glanznummer, weit da vorne, irgendwann in der Zukunft. Doch das Große war im Kleinen verborgen, das Besondere im Alltäglichen.

Ich klagte manchmal über meinen Alltag, nannte ihn langweilig, farblos und monoton und nahm dabei nicht wahr, dass die Wiederholung stets gleicher Vorgänge eine eigene Magie in sich birgt. Doch ich hatte noch nicht erfahren, dass in Zeiten wo unser Leben auf dem Kopf steht und Krisen uns rütteln, wir uns gerade nach dieser Magie der Wiederholungen sehnen.

In meiner Blindheit vergaß ich die Augenblicke, die mir zu Ausblicken und Durchblicken und Lichtblicken wurden. Ich nahm nicht wahr die Sternstunden kleinen Glücks. Ich übersah die unscheinbaren Segenszeichen, die mir zugedacht waren. Ich war wie blind für die Spuren gelingenden Lebens. Ich überhörte den Lockruf des Windes, der mich ins Weite entführen wollte – weil ich vom noch ferneren Glück träumte.

Zeichen, die mich hätten wach rütteln können, gab es in Hülle und Fülle: die Sonnenaufgänge, den Regenbogen, die Sommerabende, die Mondnächte, berauschende Tänze, Küsse, die nach Himbeereis schmeckten, Briefe von Freunden, leuchtende Augen der Großmutter, das kreischende Lachen der Kinder, ein Frühstücksei an Sonntagen …

Heute weiß ich: Dein Leben findet vor allem im Alltag statt. Die Höhepunkte und Glanznummern sind Zugaben aus freundlicher Hand.

Gerhard Heilmann

HIMMEL AUF ERDEN

Der heutige Tag ist der heutige Tag
Du weißt nicht, wie viele noch werden
Verspare dich nicht, geh mutig ins Licht
Dann hast du den Himmel auf Erden

Doris Bewernitz

Wenn nicht wir,
wer dann?

IN SORGE UM DAS GEMEINSAME HAUS

Franziskus

Laudato si', mi' Signore – „Gelobt seist du, mein Herr", sang der heilige Franziskus von Assisi. In diesem schönen Lobgesang erinnerte er uns daran, dass unser gemeinsames Haus wie eine Schwester ist, mit der wir das Leben teilen, und wie eine schöne Mutter, die uns in ihre Arme schließt: „Gelobt seist du, mein Herr, durch unsere Schwester, Mutter Erde, die uns erhält und lenkt und vielfältige Früchte hervorbringt und bunte Blumen und Kräuter."

Diese Schwester schreit auf wegen des Schadens, den wir ihr aufgrund des unverantwortlichen Gebrauchs und des Missbrauchs der Güter zufügen, die Gott in sie hineingelegt hat. Wir sind in dem Gedanken aufgewachsen, dass wir ihre Eigentümer und Herrscher seien, berechtigt, sie auszuplündern. Die Gewalt des von der Sünde verletzten menschlichen Herzens wird auch in den Krankheitssymptomen deutlich, die wir im Boden, im Wasser, in der Luft und in den Lebewesen bemerken. Darum befindet sich unter den am meisten verwahrlosten und misshandelten Armen diese unsere unterdrückte und verwüstete Erde, die „seufzt und in Geburtswehen liegt" (Röm 8,22). Wir vergessen, dass wir selber Erde sind (vgl. Gen 2,7). Unser eigener Körper ist aus den Elementen des Planeten gebildet; seine Luft ist es, die uns den Atem gibt, und sein Wasser belebt und erquickt uns. [...]

Die dringende Herausforderung, unser gemeinsames Haus zu schützen, schließt die Sorge ein, die gesamte Menschheitsfamilie in der Suche nach einer nachhaltigen und ganzheitlichen Entwicklung zu vereinen, denn wir wissen, dass sich die Dinge ändern können. Der Schöpfer verlässt uns nicht, niemals macht er in seinem Plan der Liebe einen Rückzieher, noch reut es ihn, uns erschaffen zu haben. Die Menschheit besitzt noch die Fähigkeit zusammenzuarbeiten, um unser gemeinsames Haus aufzubauen. Ich möchte allen, die in den verschiedensten Bereichen menschlichen Handelns daran arbeiten, den Schutz des Hauses, das wir miteinander teilen, zu gewährleisten, meine Anerkennung, meine Ermutigung und meinen Dank aussprechen.

Besonderen Dank verdienen die, welche mit Nachdruck darum ringen, die dramatischen Folgen der Umweltzerstörung im Leben der Ärmsten der Welt zu lösen. Die jungen Menschen verlangen von uns eine Veränderung. Sie fragen sich, wie es möglich ist, den Aufbau einer besseren Zukunft anzustreben, ohne an die Umweltkrise und an die Leiden der Ausgeschlossenen zu denken.

Ich lade dringlich zu einem neuen Dialog ein über die Art und Weise, wie wir die Zukunft unseres Planeten gestalten. Wir brauchen ein Gespräch, das uns alle zusammenführt, denn die Herausforderung der Umweltsituation, die wir erleben, und ihre menschlichen Wurzeln interessieren und betreffen uns alle. Die weltweite ökologische Bewegung hat bereits einen langen und ereignisreichen Weg zurückgelegt und zahlreiche Bürgerverbände hervorgebracht, die der Sensibilisierung dienen. Leider pflegen viele Anstrengungen, konkrete Lösungen für die Umweltkrise zu suchen, vergeblich zu sein, nicht allein wegen der Ablehnung der Machthaber, sondern auch wegen der Interessenlosigkeit der anderen. Die Haltungen, welche – selbst unter den Gläubigen – die Lösungswege blockieren, reichen von der Leugnung des Problems bis zur Gleichgültigkeit, zur bequemen Resignation oder zum blinden Vertrauen auf die technischen Lösungen. [...] Alle können wir als Werkzeuge Gottes an der Bewahrung der Schöpfung mitarbeiten, ein jeder von seiner Kultur, seiner Erfahrung, seinen Initiativen und seinen Fähigkeiten aus.

Jorge Mario Bergoglio, geb. 1936, seit 2013 Papst Franziskus, hat mit seinem Umweltrundschreiben Laudato Si' die Aufmerksamkeit weltweit auf Ökologie und die gemeinsame Verantwortung für die Zukunft der Erde gerichtet.

EHRFURCHT

Geh langsam, geh langsam,
dass dein Fuß auf keinen Käfer trete,
er ist dein Bruder.

Geh langsam, geh langsam,
dass dein Auge die fleißige Biene schaue,
sie ist deine Schwester.

Geh langsam, geh langsam,
dass deine Seele den Wind spüre,
er ist dein Schöpfergeist.

Geh langsam, geh langsam,
dass deine Nase die Erde rieche,
sie schenkt dir Leben.

Geh langsam, geh langsam,
dass dein Ohr das Lied der Vögel höre,
sie sind deine Geschwister.

Geh langsam, geh langsam,
dass dein Mund die Süße schmeckt
und das Lob der Schönheit singt.

Geh langsam, geh langsam,
dass deine Hand der ganzen Welt winke
und ihr euch liebend begegnet.

Maria Sassin

DIE NÄCHSTBESTE ZEIT

Die beste Zeit, einen Baum zu pflanzen,
war vor zwanzig Jahren.
Die nächstbeste Zeit ist jetzt.

Alexei Andrejewitsch Araktschejew

Wenn wir der Erde etwas wegnehmen, müssen wir ihr auch etwas zurückgeben. Wir und die Erde sollten gleichberechtigte Partner sein. Was wir der Erde zurückgeben, kann etwas so Einfaches – und zugleich so Schwieriges – wie Respekt sein.

Die Suche nach Öl, Kohle und Uran hat der Erde bereits großen Schaden zugefügt, aber noch kann dieser Schaden wiedergutgemacht werden, wenn wir es wollen. Beim Abbau von Bodenschätzen werden Pflanzen vernichtet. Es wäre recht und billig, der Erde Samen und Schößlinge anzubieten und dadurch wieder zu ersetzen, was wir zerstört haben.

Eines müssen wir lernen: Wir können nicht immer nur nehmen, ohne selber etwas zu geben. Und wir müssen unserer Mutter, der Erde, immer so viel geben, wie wir ihr weggenommen haben.

Weisheit der Indianer

SEHT DIE SCHMETTERLINGE

Seht die Schmetterlinge über den Blüten:
keine rauben sie aus.
Sie nippen nur leicht.

Seht die Schmetterlinge in den Lüften:
mit nichts verderben sie sie.
Sie machen sie hell und beschwingt.

Seht die Schmetterlinge unter den Blumen:
keine reißen sie ab.
Sie tummeln sich bunt wie sie.

Seht die Schmetterlinge auf den Wegen:
sie wirbeln keinerlei Staub.
Sie bilden kostbaren Schmuck.

Seht die Schmetterlinge im Flug:
sie drohen niemals mit Lärm.
Sie erzeugen ein sanftes Geräusch.

Seht die Schmetterlinge auf den Blättern:
keinem sind sie zu schwer.
Sie feiern die Leichtigkeit.

Seht die Schmetterlinge auf dem Boden:
sie verspannen sich nicht in den Zweck.
Sie sind in der Sonne da.

Seht die Schmetterlinge über der Erde:
sie verheeren sie nie mit Gewalt.
Sie ermuntern sie heiter und zart.

Und wenn ihr die Falter seht,
dann haltet euch vor Augen,
dass ihr die Hälfte ihrer Arten
fast ausgerottet habt durch euer Gebaren.

Seht zu, dass ihr sie weiterhin sehen könnt.

Wolfgang Dietrich

WIR

Wir,
die wir gerne selber
von uns behaupten,
wir seien nicht
von gestern,
tragen heute gemeinsam
die Verantwortung,
unsere Welt so mitzugestalten,
dass ihr ursprünglicher
Schöpfungsglanz
nicht verloren geht,
sondern mit äußerster Sorgfalt
bewahrt und beschützt wird,
damit sie,
unsere wunderbare Welt,
auch weiterhin
Zukunft versprechen kann
und es gerechter zugeht
für alles Leben auf ihr!

Angelika Wolff

DIE QUELLEN ACHTEN

Ich möchte
die Quellen achten
den Ausstrom des Kostbaren
vor Versandung und Vergiftung schützen
den Ort heiligen
an dem Erde Wasser gebiert
bewahren, was quillt
behalten, was sprudelt
schonen, was kristallklar fließt
hüten, was Leben schenkt.

Maria Sassin

Woher wüssten wir, wie wir leben sollen, wenn wir nicht an etwas glaubten, das größer ist als wir? Wer würde uns lehren zu leben?

Wer sagt dem Baum, wann die Zeit kommt, seine kleinen Blätter auszutreiben? Wer sagt diesen Drosseln da, dass es warm geworden ist und sie wieder nach Norden fliegen können? Vögel und Bäume hören auf etwas, das weiser ist als sie. Von sich aus würden sie es niemals wissen.

Oft sitze ich allein in der Wüste und schaue die Lilien an und all die hübschen kleinen rosa Blüten und frage mich: „Wer hat euch gesagt, dass es Frühling ist und dass ihr blühen sollt?"

Und ich denke und denke nach, und immer komme ich auf dieselbe Antwort. Das, was größer ist als wir, lehrt alle Lebewesen, was sie tun sollen. Wir sind wie die Blumen. Wir leben und wir sterben, und aus uns selbst heraus wissen wir nichts. Aber das, was größer ist als wir, lehrt uns – lehrt uns, wie wir leben sollen.

Weisheit der Indianer

SENSIBLE WEGE

Sensibel
ist die erde über den quellen:
kein baum darf
gefällt, keine wurzel
gerodet werden

Die quellen könnten
versiegen

Wie viele bäume werden
gefällt, wie viele wurzeln
gerodet

in uns

Reiner Kunze

Nachhaltiges Leben kann sich nur in der Gestaltungsfreiheit, die uns Gott in seiner Schöpfung geschenkt hat, frei entfalten. Diese Freiheit ist ein großartiges Geschenk, ein hohes Gut, aber sie ist untrennbar verbunden mit unserer Verantwortung, diese Schöpfung auch zu bewahren und für künftige Generationen zu erhalten. Wenn wir in dieser Verantwortung versagen, fällt sie auf uns zurück, spätestens in den folgenden Generationen.

Notker Wolf

Bemerke, wie die Tiere Gras abrupfen! So groß ihre Mäuler auch sein mögen, sie tun der Pflanze selbst nie etwas zuleide, sie entwurzeln niemals. So handle auch der Mensch gegen alles, was Natur heißt, sein eigenes Geschlecht voran. Er versteht die Kunst: vom Leben zu nehmen, ohne ihm zu schaden.

Christian Morgenstern

Der Frosch trinkt den Teich nicht aus,
in dem er lebt.

Indianische Weisheit

WURZELN

Fäden spinnen wir
Unter den Füßen
Zueinander
Verletzliche Wurzelfäden
Zart und unsichtbar

Dort
Wo die Kraft wohnt
Tief in der Erde
Sind wir mit uns
Und mit allem Lebendigen
Verbunden

Dort
Wo die Wurzeln sind
Unterm Feuerschein
Unserer Ahnen
Zwischen den Zelten
Im Kreis weißer Steine

Sitzen sie um uns
Mit ihrem Leben
Mit ihren leuchtenden Augen
Mit ihren weichen
Erdbraunen Händen

Doris Bewernitz

UNTERGANG UND RETTUNG

Die Sintflutgeschichte ist eine Geschichte von Untergang und von Rettung. Sie wird uns erzählt. Gott rettet weiter, auch heute. Aber dazu braucht er Noah-Menschen, die mittun. Denn diese Geschichte liegt keineswegs hinter uns. Sie erzählt das Dilemma Gottes, der dem Menschen den freien Willen gegeben hat, das Leben auf der Erde zu erhalten – oder zu vernichten.

Deshalb braucht Gott Noah-Menschen, „Menschen die mit Gott wandeln". Die Noah-Menschen aller Zeiten sind gemeint. Mit ihnen rechnet Gott. Vor und nach jeder Sintflut.

Noah-Menschen, die etwas scheinbar Aussichtsloses tun: Sie bauen an der Rettung, bauen Archen. Rettungsinseln, Lebensinseln. Als Klimaaktivisten, Friedenskämpfer, im Emissionshandel, Gerechtigkeits-Leute, Tierschützer, Regenwaldschützer. BeterInnen und Gott-gehorsame Menschen bauen an der Rettung, und lassen sich rufen.

Bärbel Wartenberg-Potter

Am Abend des dritten Tages, als wir uns beim Sonnenuntergang in der Nähe des Dorfes Igendja befanden, mussten wir an einer Insel in dem über einen Kilometer breiten Fluss entlang fahren. Auf einer Sandbank, zur linken, wanderten vier Nilpferde mit ihren Jungen in derselben Richtung wie wir. Da kam ich, in meiner großen Müdigkeit und Verzagtheit plötzlich auf das Wort „Ehrfurcht vor dem Leben", das ich, soviel ich weiß, nie gehört und nie gelesen hatte. Alsbald begriff ich, dass es die Lösung des Problems, mit dem ich mich abquälte, in sich trug. Es ging mir auf, dass die Ethik, die nur mit unserem Verhältnis zu den anderen Menschen zu tun hat, unvollständig ist und darum nicht die völlige Energie besitzen kann. Solches vermag nur die Ehrfurcht vor dem Leben. Durch sie kommen wir dazu, nicht nur mit Menschen, sondern mit aller in unserm Bereich befindlichen Kreatur in Beziehung zu stehen und mit ihrem Schicksal beschäftigt zu sein, um zu vermeiden, sie zu schädigen, und entschlossen zu sein, ihnen in ihrer Not beizustehen, soweit wir es vermögen. Klar war mir alsbald, dass diese elementare völlige Ethik eine ganz andere Tiefe, eine ganz andere Lebendigkeit, eine ganz andere Energie besitze als die sich nur mit dem Menschen abgebende. Durch die Ethik der Ehrfurcht vor dem Leben gelangen wir in ein geistiges Verhältnis zum Universum.

Albert Schweitzer

Christen überall auf der Welt – jenseits unserer ererbten theologischen Unterschiede oder historisch gewachsenen Traditionen – haben geradezu die Verpflichtung, einen ökumenischen Friedensdienst zum Wohle aller Menschen und für das Gedeihen der Schöpfung zu leisten. Wir haben diese Welt als Lehen bekommen, und „die erste Pflicht" ist die Freude über diese Welt und die Schöpfung insgesamt. So hatte der heilige Franziskus (damals durchaus im Konflikt mit dem Papst in Rom) in seinem „Sonnengesang" auch die Natur geschwisterlich gepriesen. Wo der Mensch sich einordnet in die ausbalancierten Lebenskreisläufe, kann er Mitmensch und Mitkreatur werden, sofern er die Maxime Albert Schweitzers berücksichtigt: „Ich bin Leben, das leben will, mitten unter Leben, das leben will."

Friedrich Schorlemmer

EWIGKEIT

Wer einen Baum anblickt
ohne Gier
oder die Sterne
oder die Wellen des Meeres
ohne Absicht

Wer ein Tier berührt
ohne Gier
oder eine Blume
oder einen Menschen
ohne Absicht

Wer sehen lernt
ohne Gier
und berühren
ohne Absicht
erfährt den Zustand der Liebe
und Ewigkeit

Katharina Seibert

Warum wir hoffen
Können

EINE BOTSCHAFT AUS DEM WELTALL

ESA-Astronaut Alexander Gerst

Liebe Enkelkinder,
Ihr seid noch nicht auf der Welt, und ich weiß noch nicht, ob ich Euch jemals treffen werde, deshalb hab ich beschlossen, Euch diese Nachricht hier aufzuzeichnen, ich befinde mich gerade auf der internationalen Raumstation im Cupola-Aussichtsmodul und schaue auf Euren wunderschönen Planeten runter. Und obwohl ich bis jetzt schon fast ein Jahr im All verbracht habe und an jedem einzelnen Tag da runtergeschaut habe, kann ich mich einfach nicht daran sattsehen. Ich weiß, es hört sich für Euch vermutlich komisch an, aber zu der Zeit, als die ISS gebaut wurde und hier oben im Orbit war, konnte noch nicht jeder Mensch in den Weltraum reisen und die Erde von außen sehen. Vor mir waren's gerade mal um die 500 Menschen, und im Moment leben da unten sieben Milliarden Menschen auf diesem Planeten.

Und nur drei Einzelne davon leben im Weltraum. Und wenn ich so auf den Planeten runterschau, dann denke ich, dass ich mich bei Euch wohl leider entschuldigen muss. Im Moment sieht es so aus, als ob wir, meine Generation, Euch den Planeten nicht gerade in dem besten Zustand hinterlassen werden.

Im Nachhinein sagen natürlich immer viele Leute, sie hätten davon nichts gewusst, aber in Wirklichkeit ist es uns Menschen schon sehr klar, dass wir im Moment den Planeten mit Kohlendioxid verpesten, dass wir das Klima zum Kippen bringen, dass wir Wälder roden, dass wir die Meere mit Müll verschmutzen,

dass wir die limitierten Ressourcen viel zu schnell verbrauchen und dass wir zum Großteil sinnlose Kriege führen.

Und jeder von uns muss sich da natürlich an die eigene Nase fassen und sich überlegen, wohin das gerade führt. Ich hoffe sehr für Euch, dass wir noch die Kurve kriegen und ein paar Dinge verbessern können, und ich würde mir wünschen, dass wir nicht bei Euch als die Generation in Erinnerung bleiben, die Eure Lebensgrundlage egoistisch und rücksichtslos zerstört hat.

Ich bin mir sicher, dass Ihr die Dinge inzwischen sehr viel besser versteht als meine Generation, und wer weiß, vielleicht lernen wir ja auch noch was dazu. Dass ein Blick von außen immer hilft. Dass dieses zerbrechliche Raumschiff Erde sehr viel kleiner ist, als die allermeisten Menschen sich das vorstellen können. Wie zerbrechlich seine Biosphäre ist und wie limitiert seine Ressourcen. Dass es sich lohnt, mit seinen Nachbarn gut auszukommen. Dass Träume wertvoller sind als Geld. Und dass man ihnen eine Chance geben muss. Dass Jungen und Mädchen Dinge genauso gut können, aber dass doch jeder von Euch eine Sache hat, die er besser kann als alle anderen. Dass die einfachen Erklärungen oft die falschen sind und dass die eigene Sichtweise eigentlich immer unvollständig ist. Dass die Zukunft wichtiger ist als die Vergangenheit und dass man niemals ganz erwachsen werden soll. Dass Gelegenheiten immer nur einmal kommen. Und dass man für Dinge, die es wert sind, auch mal ein Risiko eingehen muss. Dass ein Tag, an dem man was Neues entdeckt hat, über seinen Horizont hinaus geschaut hat, ein guter Tag ist.

Ich wünschte mir, ich könnte durch Eure Augen in die Zukunft schauen, in Eure Welt und wie Ihr sie seht. Das geht leider nicht, und deswegen ist das Einzige, was mir bleibt, zu versuchen, Eure Zukunft möglich zu machen.

Und zwar die beste, die ich mir vorstellen kann.

ESA-Astronaut Alexander Gerst, Mission „Horizonte“ (2018), Kommandant der Expedition 57, aus dem Observatorium Cupola der Internationalen Raumstation, 25. November 2018, 400 Kilometer über der Erdoberfläche

Je tiefer du verwurzelt bist,
umso mehr werden dich die Äste tragen,
und du verlierst die Furcht
vor dem Unbekannten.

Indianische Weisheit

ZEITANSAGE

Es kommt eine zeit
da wird man den sommer gottes kommen sehen
die waffenhändler machen bankrott
die autos füllen die schrotthalden
und wir pflanzen jede einen baum

Es kommt eine zeit
da haben alle genug zu tun
und bauen die gärten chemiefrei wieder auf
in den arbeitsämtern wirst du
ältere leute summen und pfeifen hören

Es kommt eine zeit
da werden wir viel zu lachen haben
und gott wenig zum weinen
die engel spielen klarinette
und die frösche quaken die halbe nacht

Und weil wir nicht wissen
wann sie beginnt
helfen wir jetzt schon
allen engeln und fröschen
beim lobe gottes

Dorothee Sölle

HOFFNUNG UND SORGE

Unsere Welt retten zu wollen – ist das vermessen? Nein, wir brauchen nur so viel zu tun, wie in unserer Macht liegt. Aber das, was in unserer Macht liegt, um den Schutz unserer Lebensgrundlagen ebenso wie den Schutz alles Einzelnen zu sichern, müssen wir selber tun. Die Globalisierung kommt bei uns als menschliches, logistisches, ökonomisches, kulturelles oder religiöses Problem an. Dieses „Problem" aber sind Menschen auf der Flucht, Menschen aus verzweifelten Lebenszusammenhängen, die sich in unserer westlichen Welt Lebenshoffnung und Lebenssicherheit versprechen. Das macht vielen Angst, Angst vor Fremdem und Angst vor eigenen Nachteilen.

Wir brauchen aber beides, nüchterne Hoffnung und Anteil nehmende Sorge. Wenn wir nicht hoffen, werden wir von der Angst gelähmt werden. Wenn wir nur hoffen, nehmen wir alles hin, ohne das Unsere zu tun. Gefahren sind nicht zu ignorieren und unsere Kräfte nicht zu überschätzen. Hoffnung erweitert den Horizont. Sie erneuert den erfreulichen Blick auf eine Welt, die sich verdüstert und doch wieder aufhellt. Wir sitzen an einem Tisch, an dem wir über Wünsche, Hoffnungen, Gefahren, Ängste miteinander reden – ohne Selbstüberschätzung und ohne Scheu.

Friedrich Schorlemmer

LIED DER DANKBARKEIT

wir singen das Lied der Dankbarkeit
die Erde hat uns den Tisch gedeckt
mit Brot, Wein und Früchten

wir singen das Lied der Erinnerung
und brechen einander das Brot
und füllen einander den Becher

wir singen das Lied der Hoffnung
und teilen das Lachen und Weinen
die Freundschaft, das Leben

wir singen das Lied der Geschöpfe
und glauben an Zukunft und Frieden
an Gottes unbändige Liebe – hier unter uns

Elisabeth Bernet

DANKBARKEIT

Selbstverständlich ist nichts,
weder dass tags die Sonne scheint
und der Mond in der Nacht,
noch dass du Wasser hast
im Überfluss und Brot,
weder dass deine Augen sehen
und deine Ohren hören,
dass deine Hände greifen können
nach den vielfältigen Gaben der Erde,
noch dass du lebst in Gesundheit,
dass du Worte hast und Gesten,
dich auszudrücken,
dass du lachen kannst und weinen
und Freude teilen mit Menschen,
die dir nahe sind.
Nichts ist selbstverständlich.
Dein Leben ist geschenkte Zeit.
Nimm sie an in Dankbarkeit.

Claudia Binzberger

LICHT DER WELT

Wir brauchen Menschen
die brennen
aus Leidenschaft zum Leben
aus Liebe zu den Menschen
mit Vertrauen
auf die Größe und Güte Gottes
Wir brauchen Menschen
die brennen
für die Botschaft des Glaubens
die Bewahrung der Schöpfung
für den Schutz alles Lebendigen

Glut genügt nicht
es muss Feuer sein
Feuer aus der Tiefe des Herzens
leidenschaftlich
unverbraucht
zärtlich
Feuer
das die Nacht erhellt
ein Leuchtfeuer für die Verzagten
damit die Flamme des Vertrauens nicht erlischt
und Gottes Liebesfunke durchscheinen kann

Wir brauchen Menschen
die brennen
als das Licht der Welt

Petra Stadtfeld

LEBENSBEDINGUNG

Die Welt dem zurückgeben, dem sie gehört, das ist kein religiöses Gerede, sondern eine praktische Aufgabe. Liebe aufbringen zur Erde und zu ihren Geschöpfen, das ist keine rührselige Romantik mehr für weiche Gemüter, sondern eine Lebensbedingung. Das Ziel, nämlich eine Erde, die in der Hand eines freien, zur Liebe fähigen Menschen ist, ist keine Utopie mehr, sondern Hausaufgabe für uns alle für die nächsten Jahre.

Vielleicht haben wir doch noch die Chance, endlich die zu werden, die wir sein sollen, nämlich verantwortliche, behutsame Vertreter und Beauftragte Gottes auf dieser Erde, um den Garten Gottes, wie die alte Geschichte sagt, zu bebauen und zu bewahren.

Jörg Zink

WARUM?

Warum nur halten wir uns fest
an Dingen, Menschen, Zeiten,
an allem, was uns hoffen lässt
auf ein paar Sicherheiten?

Warum vergessen wir so leicht,
dass nichts uns bleibt auf Erden,
dass wenig schon zur Fülle reicht
und wir gehalten werden?

Jörn Heller

ERDIG WERDEN

Nicht fliehen
weder vor dem Schein
noch
vor der Wirklichkeit

Dem Wunsch
den Kopf in den Sand zu stecken
nicht nachgeben

Angst, Sorge, Ärger
zur Kenntnis nehmen
standhalten

den Schein vom Sein
unterscheiden
erdig werden

Ursula Kreutz

UNSER ZIEL

Klimagerechtigkeit wird nicht so verwirklicht werden, wie wir es uns wünschen. Dazu sind wir Menschen, aus christlicher Sicht: Sünder. Aber ob Klimagerechtigkeit so gut es geht Wirklichkeit werden wird, liegt daran, wie gut wir auf unsere Propheten hören. Wir haben Handlungsspielraum. Klimagerechtigkeit ist mehr als eine Utopie. Sie ist unser Ziel.

Katrin Göring-Eckardt

AUFBRECHEN

Mutig sein, aufbrechen,
es wagen – endlich.
So lange gezögert, so lange gewartet –
worauf nur?
Einfach losgehen – genau jetzt.

Sabrina Gundert

TROTZ ALLEM

Aufbrechen
trotz aller Bedenken
trotz aller Schwierigkeiten
trotz aller Barrieren
trotz aller Drohungen
trotz aller Gefahren

Trotz allem
unseren Weg gehen
miteinander planen
füreinander da sein
glauben, dass Neues möglich wird

Max Feigenwinter

Daher haben 1990 in Seoul die Christinnen auf ihrer Weltversammlung sich selbst bezeichnet „als Mitglieder der lebendigen Schöpfungsgemeinschaft, in der wir eine unter vielen Arten sind, ... als Mitglieder der Gemeinschaft des Bundes in Christus" und als „Mitarbeiter Gottes", die die „Ganzheit der Schöpfung" bewahren wollen. Eine Spiritualität, die dem entspräche, hat allem voran dem Lob und dem Dank sowie damit verbunden der Ehrfurcht vor dem Geschenk Gottes einen breiten Raum zu geben. Diese Spiritualität ist eine asketische, weil sie einübt in ein Leben in und mit der Schöpfung. Sie ist zugleich eine genießerische, weil sie sich freut über das Geschenk der Schöpfung und der beschenkte Mensch alle seine Sinne gar nicht lösen mag von diesem Geschenk. Eine solche Schöpfungsspiritualität schließlich gestaltet zudem ein Leben als „Mitarbeiter Gottes": Sie kann Maß halten, weil sie im Glauben das Wasser des Lebens gefunden hat und in der Hoffnung schon am Ziel ist, sie nimmt zudem Teil an der Schöpferkraft Gottes und übt eine Kreativität ein, die mitfühlen, ja mitleiden kann, Versöhnung lebt und Liebe übt.

Thomas Schaack

SEGEN

Es lasse dich Gott
das Morgen erwarten
ohne Angst
deine Aufgaben anpacken
ohne Erschrecken
vor den Schwierigkeiten
die kommen könnten
neue Wege beschreiten
ohne Sorge wann
und wo sie enden werden

in der Irre nicht zweifeln
am Ziel
im Dunkel schon hoffen
auf das Licht
im Weinen dich schon freuen
auf das Lachen
nicht wissen aber gewiss sein
ohne Beweise dich weisen lassen

er lasse dich fallen
in Erwartung des Netzes
ruhig schlafen mitten im Sturm
und aufwachen und weitergehen
getrost

Wilma Klevinghaus

Inhaltsverzeichnis

Mein Platz in der Welt

Weniger ist mehr

Wenn nicht wir, wer dann?

Warum wir hoffen können

Textnachweise

S. 10: Auszug aus: Häuptling Seattle, Wir sind ein Teil der Erde, Ostfildern, 5. Aufl. 2019. Der Text geht zurück auf die Aufzeichnungen der Ansprache des Führers der Suquamish-Stämme und Duwamish-Stämme, die dieser 1855 bei einer Anhörung vor dem Gouverneur des Washington-Territoriums hielt, aufgezeichnet 1887 von Henry A. Smith. Der als „Rede" bekannt gewordene Text beruht auf einer Fassung, die 1972 für einen Fernsehfilm verwendet wurde.

S. 14: Benedikt Werner Traut © Communität Christusbruderschaft.

S. 17: Rabindranath Tagore, in: ders.: Am Ufer der Stille, aus dem Bengalischen übersetzt und mit einem Nachwort zu Leben und Wirken des Dichters von Martin Kämpchen, © Patmos Verlag, Verlagsgruppe Patmos in der Schwabenverlag AG, Ostfildern 2016, www.verlagsgruppe-patmos.de.

S. 26: Hans-Joachim Werner, in: ders., Eins mit der Natur. Menschen und Natur bei Franz von Assisi, Jakob Böhme, Albert Schweitzer und Teilhard de Chardin, © C. H. Beck, München 1986.

S. 36: Matthew Fox, in: ders., Schöpfungs-Spiritualität © 1993 Verlag Herder GmbH, Freiburg i. Br.

S. 41: Annette Soete © Nachlass Annette Soete.

S. 43: Peter Spangenberg © Sonja Spangenberg.

S. 61: Friedrich Schorlemmer, in: ders., Unsere Erde ist zu retten. Haltungen, die wir jetzt brauchen, © 2016 Verlag Herder GmbH, Freiburg i. Br. , S. 39.

S. 64: Auszüge aus: Pierre Stutz, Die spirituelle Weisheit der Bäume. Eine Entdeckungsreise. Mit Fotografien von Andrea Goeppel © Patmos Verlag, Verlagsgruppe Patmos in der Schwabenverlag AG Ostfildern, 2017. www.verlagsgruppe-patmos.de.

S. 67: Anselm Grün, in: ders. Lob der sieben Tröstungen. Was Leib und Seele guttut. Hrsg. von Rudolf Walter, © 2012 Verlag Herder GmbH, Freiburg i. Br.

S. 69: Hilde Domin, Bitte, in: dies., Sämtliche Gedichte. Hrsg. von Nikola Herweg und Melanie Reinhold. Mit einem Nachwort von Ruth Klüger, © S. Fischer Verlag 2009, S. 181.

S. 70: Charles Birch, in: Jörg Zink, Ich habe meinen Bogen in die Wolken gesetzt. Eschbacher Epistel zum Um(Welt)Denken mit Texten und Bildern von Jörg Zink und Charles Birch, Verlag am Eschbach, Eschbach 1980 © Jörg Zink Erben.

S. 71: Rose Ausländer, Gemeinsam I, in: dies., Gesammelte Werke / Ich höre das Herz des Oleanders, hrsg. von Helmut Braun © 1984 S. Fischer Verlag GmbH, Frankfurt am Main.

S. 74: Papst Franziskus, LAUDATO SI'. Über die Sorge für das gemeinsame Haus, Nr. 69 Für den Text der Enzyklika: © Libreria Editrice Vaticana 2015. Zitiert nach der Ausgabe © Verlag Katholisches Bibelwerk GmbH, Stuttgart 2015.

S. 81: Antoine de Saint-Exupéry, in: ders., Die Stadt in der Wüste © 1956 und 2009 Karl Rauch Verlag, Düsseldorf.

S. 84: Franz Alt, in: ders., Unsere einzige Erde. Eine Liebeserklärung an die Zukunft © Patmos Verlag, Verlagsgruppe Patmos in der Schwabenverlag AG, Ostfildern 2019, www.verlagsgruppe-patmos.de.

S. 89: Papst Franziskus, LAUDATO SI'. Über die Sorge für das gemeinsame Haus, Nr. 223. Für den Text der Enzyklika: © Libreria Editrice Vaticana 2015. Zitiert nach der Ausgabe © Verlag Katholisches Bibelwerk GmbH, Stuttgart 2015.

S. 92: Anja Schäfer: Anfangen, in: dies.: Ganz schön fairrückt. Wie ich anfing, mich für Gottes gute Welt einzusetzen. © 2019 Neukirchener Verlagsgesellschaft mbH, Neukirchen-Vluyn, 2. Aufl. 2019, S. 16-17.

S. 102: Papst Franziskus, LAUDATO SI'. Über die Sorge für das gemeinsame Haus, Nr 1 und 2, 13 und 14. Für den Text der Enzyklika: © Libreria Editrice Vaticana 2015. Zitiert nach der Ausgabe © Verlag Katholisches Bibelwerk GmbH, Stuttgart 2015.

S. 107: Jimmie C. Begay , in: Weißt du, dass die Bäume reden. Weisheit der Indianer. Ausgewählt und übertragen von Käthe Recheis und Georg Bydlinski, Verlag Herder GmbH, Freiburg im Breisgau 15. Aufl. 1988, S. 8f.

S. 108: Wolfgang Dietrich, in: ders., Zeit für Schmetterlinge. Die Geschöpfe des 7. Schöpfungstages, © Verlag am Eschbach, Eschbach 1989.

S. 112: Chiaparopai, in: Weißt du, dass die Bäume reden. Weisheit der Indianer. Ausgewählt und übertragen von Käthe Recheis und Georg Bydlinski , Verlag Herder GmbH, Freiburg im Breisgau 15. Aufl. 1988, S. 50.

S. 113: Reiner Kunze, in: ders., gespräch mit der amsel. frühe gedichte. sensible wege. zimmerlautstärke, © S. Fischer Verlag GmbH 1984, Frankfurt a. M.

S. 114: Notker Wolf, in: ders., Jetzt ist die Zeit für den Wandel. Nachhaltig leben – für eine gute Zukunft © 2012 Verlag Herder GmbH, Freiburg im Breisgau, S. 16.

S. 116: Bärbel Wartenberg-Potter, Predigt zu 1. Mose 6,5-9,15, Christuskirche Köln, 24.02.2019 © bei der Autorin.

S. 117: Albert Schweitzer, in: ders., Die Ehrfurcht vor dem Leben, Grundtexte aus fünf Jahrzehnten, Beck'sche Reihe 255 © C. H. Beck Verlag, München 1966, 5. unv. Aufl. 1988.

S. 118: Friedrich Schorlemmer, in: ders., Unsere Erde ist zu retten. Haltungen, die wir jetzt brauchen © 2016 Verlag Herder GmbH, Freiburg im Breisgau, S. 23.

S. 122: Alexander Gerst. Quelle: https://youtu.be/4UfpkRFPIJk.

S. 126: Dorothee Sölle, in: dies., Loben ohne lügen. Gedichte © Wolfgang Fietkau Verlag Kleinmachnow 2000.

S. 127: Friedrich Schorlemmer, in: ders., Unsere Erde ist zu retten. Haltungen, die wir jetzt brauchen, © 2016 Herder Verlag GmbH, Freiburg i. Br. S. 35.

S. 131: Jörg Zink © Jörg Zink Erben.

S. 132: Jörn Heller, in: ders., Gute Gedichte und solche, die es gerne wären, JHV Siegen 2016 © beim Autor.

S. 134: Katrin Göring-Eckhardt, Kanzelrede im Rahmen der Duisburger Akzente, Salvatorkirche Duisburg 14.3.2019 © bei der Autorin.

S. 135: Max Feigenwinter, in: ders., Einander Engel sein, S. 11 © Verlag am Eschbach.

S. 136: Thomas Schaak, in: Schöpfungszeit, aus der Reihe: Bewahrung der Schöpfung – praktisch, Hannover 2004, S. 4f.

Für die Texte von Helena Aeschbacher-Sinecká, Elisabeth Bernet, Doris Bewernitz, Claudia Binzberger, Sabrina Gundert, Gerhard Heilmann, Sabine Heuser, Wilma Klevinghaus, Ursula Kreutz, Gabriela Paydl, Maria Sassin, Beate Schlumberger, Cornelia Elke Schray, Petra Stadtfeld, Anna Tomczyk, Tina Willms, Doris Wohlfarth und Angelika Wolff liegen die Rechte und das © Copyright bei den jeweiligen Autorinnen und Autoren direkt.

Trotz intensiver Bemühungen ist es uns nicht gelungen, alle Rechteinhaber zu ermitteln. Wir bitten diese daher um Verständnis, wenn wir gegebenenfalls erst nachträglich eine Abdruckhonorierung vornehmen können.

Zum Fotografen:
Roland Höpker, 1967 geboren, seit 1996 IT-Berater und Manager, begann 1979 mit Schwarzweiß-Fotografie, seit 2004 arbeitet er mit digitalen Spiegelreflex- und Systemkameras. Er ist Vollmitglied in der Gesellschaft für Naturfotografie (GDT). Jedes Jahr erscheint ein großformatiger Wandkalender mit zwölf ausgesuchten Fotografien; er kann über seine Website bestellt werden.
www.rolandhoepker.de

Gestaltet mit Grafiken und Hintergründen von:
shutterstock: JUICY BLOOM, Polina Katritch, Sonya illustration, olies, TairA, maljuk, Sayan Puangkham, Kathie Nichols, Le Panda, gluiki, Nadin Chepeniuk, Anya S, suns07butterfly, Syrytsyna Tetiana, Elly Spalah, Mrs. Opossum, Kaidash, Background Land, Flas100, art4all, Gorbash Varvara.
iStock: Pobytov, jkir, Ann-ka, Khaneeros.

FSC www.fsc.org
MIX
Papier aus verantwortungsvollen Quellen
FSC® C004592

ISBN 978-3-86917-773-1

Verlagsgruppe Patmos in der Schwabenverlag AG, Ostfildern
Im Alten Rathaus/Hauptstraße 37
D-79427 Eschbach/Markgräflerland

www.verlag-am-eschbach.de

Gestaltung und Satz: Angelika Kraut, Verlag am Eschbach
Alle Fotografien (Einband und Innenteil): © Roland Höpker 2019
Kalligrafie: Ulli Wunsch, Wehr
Herstellung: Firmengruppe APPL, aprinta druck, Wemding
Hergestellt in Deutschland

Manufakt
Dieser Baum steht für umweltschonende Ressourcenverwendung, individuelle Handarbeit und sorgfältige Herstellung.